子どもたちと
金子みすゞの
作品を読む

清水左知子［著］

地湧社

金子みすゞ。大正12(1923)年5月3日、20歳の写真。

子どもたちと 金子みすゞの 作品を読む

はじめに

学校に、幼稚園に、保育園に、家庭に、もっと詩を

私は小学校の子どもたちと、五四年間もの長い間かかわりを持ちました。半世紀以上です。はじめは教師として、退職してからはボランティアとして。

敗戦の後遺症冷めやらぬ時から高度成長期。米ソの冷戦時からバブルがはじけ、その後のゆとり教育。ずっと一教師として子どもたちや保護者たちと勉強を通して付き合ってきました。

その中で、子どもたちにとって最も大切だと気が付き、今も強く思っているのは、言葉の指導です。一にも二にも言葉です。

そして、そのために自分で研究したり、研究団体に所属し共同で研修し続け、実践し、これが有効だと確信したのは「詩」の指導です。

1 詩の指導は、なぜ大切なのだろう

詩は言葉の華といわれています。

詩には短い中に凝縮しているものがたくさん詰まっています。主題、表記、文法、語彙、語法、情景、比喩等々。

そして何より大切なのは、詩の内容が持っている心です。真実、愛、喜び、美、悲しみなどが、日本語に包まれて姿を見せているのです。子どもの心を真善美聖《しんぜんびせい》に触れさせるには何よりなのです。しかも詩は、（文法上の間違い以外は）どう受けとっても間違いがないのです。

詩には自由があるのです。

詩の世界は本当に豊かなのです。

この豊かさをこそ、子どもたちに見せてやらなければならないと考えて、実践を重ねてきました。詩を学ぶことによって、子どもたちは変わってくるのです。言葉の力が飛躍的に伸びてくるのです。言葉をたくさん知っていきます。文法も知らず知らずに身につけていきます。そして、生きるってどういうこと？　優しさとは何だろう、本当の勇気ってど

ういうもの？　などなど知っていくのです。

おうちの方、保育園の先生、幼稚園の先生、学校の先生、子どもたちにもっともっと詩を教えてください。情操豊かで正しい日本語が使える子どもに育てましょう。


〈詩を学ぶことのよさ〉
・心が豊かになる。（人間のやさしさがわかる）
・日本語の力がつく。（文章を読みとる力。文法、日本語の言いまわし、慣用句）
・授業中の発言が増える。（授業態度が生き生きしてくる）
・友だちと仲良くなる。

2　詩の指導で私がやってきたこと

方法はかなりシンプルです。

月に一編か二編の詩を模造紙に書いて教室に貼っておき、朝の詩として毎朝全員で音読するのです。教科書に出ている詩では足りませんから、その他の詩も選びます。その他に、月に一度か二度ほど時間をとって指導します。それだけです。

次に説明します。

(1) 音読――詩を毎朝みんなで音読する。

これは楽しかったですね。詩によって、子どもたちの心が一つになるのです。「朝の詩」と司会の子どもが言うと、途端に子どもたちが詩に向かって集中するのです。詩の内容に向かって心が結ばれるのです。

たとえば『えんそく』の詩を読む時は、みんな心が遠足に行っているのです。『たっちゃんすいとうが　こんぽ　こんぽ　こんぽ』（三越左千夫）を読んでいるとき、みんなにこにここにこしています。遠足へ行く何日も前から遠足に行っているのです。感性が豊かになっているのです。

一年生に『バッタのうた』（おうち やすゆき）の詩を毎朝音読させていた時のことです。題「バッタのうた」と言った途端、子どもたちが一斉に座りこんでしまったのです。そして、驚く私の前で、「バッタ　草の色から　ピョンととびだすバッタ」と言いながら、一斉にピョンと飛び上がったのです。その時の子どもたちの得意そうな笑顔。詩の心をじゅうぶんに感得し、暗記し、身体表現までしてしまったのです（それも教師のいない時、一年生がみんなで相談して）。詩を読むことが楽しくて仕方がないこともありますが、子どもたちが、仲が良く心が一つになっている証拠だと思いました。

これによって、子どもたちにはいろいろな力がつくのです。日本語の文体とか、語彙力とか、文法の力とかが体を通して身につくのです。

最近は、「音読ほどに脳全体を活性化させる作業を見たことがない」と、脳の研究をされている川島隆太博士がおっしゃっているように、脳にもよい影響を与えていることがわかります。（『脳と音読』川島隆太＋安達忠夫　講談社現代新書）

こうして育った子どもは、作文を書かせるとすぐわかります。作文ほど子どもに日本語力がついているか否かがわかるものはないと思いますが、毎日名文を音読している子どもは、自然にそれを使う力がついてくるのです。

(2) 詩の授業

では、もう一つの方法、授業による効果について述べてみたいと思います。前述のように言葉の華といわれている詩には、短い中に凝縮されているものがたくさん詰まっています。人間の真実やまた日本語の形象の素晴らしさが、言葉の華に包まれているのです。その華をみんなで探すのが、詩の授業だと考えてきました。

一方、子どもたちは、賢くなりたい、そして語りたいなどいろいろな気持ちを持っています。

詩は人間の真実を知り、日本語の真髄を学ばせるのにとてもよい教材になり、詩の授業を行うことは、子どもたちを満足させてくれます。詩を学ぶ時、子どもたちは生き生きします。じっくり考えます。しっかり発言するのです。自分が発見できなかったことを発見してくれた友だちの考えをほめるのです。友だちは自分を高めてくれる教師なのです。

日本人の心や日本語を学ばせるには、よい詩を教えるに如《し》かずというのが、私が実践してきて得た結論です。

３どんな詩を教えたか

小さい子には、言葉遊び、わらべうた、まど・みちお、谷川俊太郎、言葉遊びの会同人の作品など。中学年の子には、川崎洋、くどうなおこ、坂田寛夫などなど。高学年になれば、百人一首、宮沢賢治、八木重吉などなど。（私は自分で編んだ「詩のアンソロジー473編」の中から選んでいます）

4 今の子ども

長い間教師をしてきて、いろいろな子どもの姿を見てきましたが、今の子どものことを一言で言うと、野放図という他、言いようのない言動を平気でする、幼児的と言ってもいいかもしれません。言葉や行動にブレーキが利かないのです。自分が清潔好きでおしゃれなのはいいとして、友だちを平気で「不潔」「気持ち悪い」「死ね」というような言葉でなじるのです。相手がどれくらい傷つくかが推量できていません。

子どもたちは、かなり豊かに育ち、思うことの大半は叶えてもらい、それが当り前だと思っています。そうできない人が苦しんでいるなど、想像できません。だから、平気で傷つくようなことをいってしまうのです。

また、家族も昔のように「そういうことは、人の道に外れている」とか、「人は見ていなくてもお天道さまが見ている」「弱い者いじめをすることは、卑怯者のすることだ」というような教育をしてこなかったことも原因の一つかも知れません。

子どもたちに教師として、説教はできるかもしれません。でも、その心にちゃんと響いているかと思うとき誠に心許ないものがあります。

でも、子どもたちの心のすみには、あたたかさ、やさしさ、おもいやりなどがちゃんと存在しているのです。

それを掘り起こすには、感動という体験が欠かせないと思います。情操は、感動体験なしには育たないと言った人がいますが、私もそう思います。学校教育ですぐできてかなり有効なのは、よい本を読むということと、よい詩を学ぶということだと考えています。

5 金子みすゞさん

詩を教える大切さを痛感して、様々な詩を子どもと読んできました。

その中で、矢崎節夫先生を通して、金子みすゞさんに「出会った」のです。『大漁』という詩を読み、衝撃を受けました。何という広く、深い詩だろうと思いました。そして、つぎつぎに詩集を求め、読みました。

みすゞさんは、常人の思いもよらない深くて広い宇宙観、自然観、人間観を持っています。

みすゞさんの詩、『私と小鳥と鈴と』では、「どんな人も、どんな生き物も、どんな物も、すべてかけがえのないものである」ということを教えてくれます。『お魚』では、「私たちの命は、たくさんの他の命によって支えられていること」。また、『こだま』では、「自分の言葉は、こだまとちがって、心が相手に伝わることを知り、相手もまた、そのことを返してくること」を。その他、『大漁』にしても、『芝草』にしても、すべて深い意味を持っていますが。内容が多岐にわたっていて、しかも仏さまにつながるような深いものを持っているのです。

みすゞさんの詩の内容は素晴らしいのですが、それを支えている形象性も素晴らしいと思います。この言語感覚は天性のものと思いますが、気品、美しさ、優しさなどを備えています。方言すらあたたかさに繋がっているのではないでしょうか。

どの詩にも言える平易な言葉遣い、幼い子どもでもわかるような詩の流れ、たったの十行足らずの中に込められた、命に対するいとおしみ（『大漁』）。冒頭にずばりと持ってくるテーマや、それにつながる情景描写（『お魚』『大漁』）タイトルから想像できないような内容（『私と小鳥と鈴と』）やさしく覚えやすい七五調のリズム等々。

こういう特徴を持ったみすゞさんの詩を子どもたちに出会わせたら、どんなに子どもの心と言葉の成長に役立つことでしょう。特に情操面で未熟さをかかえた現代の子どもたちには、みすゞさんの詩は、日照りの中の甘露のように、子どもたちに必要なものに思えたのです。

(1) みすゞさんの詩の授業

みすゞさんの詩と子どもたちとを、ぜひとも教室で出会わせたいというのが私の願いになりました。なぜなら、教師と大勢の友だちと（この大勢の友だちと一緒にというのがとても大切なことなのです）一緒に学ぶことが、みすゞさんの深い心に触れる一番の近道だと体験からわかっていたからです。

そこで、授業をしてみました。

しかし、一読してすぐに好きになる子どもは、そうたくさんはいません。「どうってことがない詩」という子どももいました。

しかし、子どもたちは真実を見分けたり、美しいものを愛でたり、弱い立場の人をいたわったりするのが好きです。また、新しいことを学ぶのも大好きです。子どもたちは真実に感動する心を、本能的に持っているのではないでしょうか。こういう深いものを知ることができる感性を持っているのです。

だからこそ、授業が必要なのです。平易な言葉遣いの中に素晴らしい愛が込められているということは、子ども一人だけではなかなか捉えられないのです。言葉を知り、みんなの話を聞くことによって、自分の内に秘められた真実が見えてくるのです。詩の真意がわかってくるのです。

その証拠に、「どうってことがない詩」と言っていた子どもも含めて、授業を始めると子どもたちは嬉しそうに生き生きと発言します。今まで発表をしたことがないという子も意見を言ってくれました。内容の深さと形象性の美しさに魅了されるのでしょうか。授業の後、ほとんどの子どもが「大好きになりました」と書いてくれました。

どのように授業を進めたかというと、これだけの内容と形象性を持った詩を教えるには、言葉を大切にしていくことが第一の課題だと考えました。そこで、言葉を丁寧に教えていくことにしました。もう一つは、子どもたちにたくさんの考えや思いを語らせることだと考えました。どの子も語りたくなるような詩ですから、三十人いれば三十通りの思いを導き出すことが大切ではないでしょうか。

(2) 言葉を丁寧に教えていく

どういう言葉がみすゞさんの心を表しているのだろうか、この言葉を子どもたちは、どうとらえるだろうか、というようなことを想像しながら授業を組み立てていきます。その際、なるべく子どもたちの「五感」に訴えるように心しています。今の子どもたちの言葉は、地に足が付いていない場面をしばしば耳にするからです。

たとえば、『大漁』の詩の指導では、大羽鰮《おおばいわし》を実際に持っていって見せました。『大漁』

という言葉については、真鶴の鰤《ぶり》の大漁の様子を、私が私の感性で捉えたことをもとに話して聞かせました。

「四トントラックで、一晩中町中を運んで行ったので、町の人は、夜眠れなかったんですって」「その後、女の人たちが、呉服屋さんや洋服屋さんへ行って、いい着物や洋服をたくさん買ったということです」などと。

『こだまでしょうか』の詩では、子どもたちに役割演技をさせてみました。こだまになる子どもと発言者を決めて、「人の言葉」と「こだま」のちがいを実感させました。

(3) 子どもに語らせる

子どもがみすゞさんの詩を喜ぶ理由の一つに、内容や形象について子どもたち自身がたくさんの発見をし、発表することも挙げられると思います。それだけ発見する内容がたくさんある詩なのです。

発言のいいところを「褒める」ことも大事だと思います。いい発言がわかる教師になるように努力しました。みすゞさんの詩に快いリズムがあることは、子どもが発見しました。それをすかさず褒めました。

語らせるためには、教師が詩をじゅうぶん知り、子どもを知ることが大切だと思っています。教材の持っている価値をじゅうぶん知っていなければ、子どものつぶやきや動作を読みとることができません。だからそれを生かすこともちろんできず、子どもに失望感を与える結果になってしまいます。

私が詩を教えてるというよりも「みすゞさんの素晴らしい詩を通して子どもたちが自分の持っている感性を磨く」のを私がお手伝いしているのではないかと思うことがしばしばあります。

子どもたちは、発見することの多い授業が本当に嬉しそうです。

(4) みすゞさんの詩の勉強をしてよかった

最後に子どもたちは、「みすゞさんの詩の勉強をしてよかった」「みすゞさんってやさしいんだね」「言葉がこんなに大切なものとは知らなかった」「自分の思ったことが言えてよかった」などと言ってくれました。また、「みんながいい意見を言ったのですごいと思いました」などと友だちの意見を褒める場面も見られました。他人の心がわかる子どもたちになりつつあるのではないでしょうか。

日本中の先生たちにもこの喜びを味わってもらいたいと思っています。

6　授業記録を出版しようと思ったわけ

どんな思いでこの本を出すのかと申しますと、それは日本の小学生に、みすゞさんと「出会って」欲しいからに他なりません。でも現状は、ほど遠いところにあると言わざるを得ません。

この詩とこの子どもたちとをぜひとも教室で出会わせたいというのが私の願いです。みすゞさんの詩のよさは、授業を通して初めて子どもたちにわかると思うのです。なぜなら、教師と大勢の友だちと一緒に学ぶことが、大切なのです。（この大勢の友だちと一緒にというのがとても大切なことなのです）

一人でわかる子どももちろんいます。でも、十人いれば十人の思いや考えを知ることこそ、みすゞさんの詩を深く知ることに繋がる道なのです。

私は、どんなふうに子どもたちが変容するかを見るために授業の記録をとり始めました。読み返すと子どもの変容がよくわかります。子どもたちはもともと純粋だから、よいものはすぐわかるのです。日本中の子どもたちにみすゞさんの詩のよさを知ってもらいたいと、あえて記録集を出版することにしました。全国の学校の先生、幼稚園、保育園の先生、子どもたちに詩を教えてやってください。どうぞみすゞさんに眼を向けさせてやってください。

そしてご家族の方は、子どもさんと一緒にこれらの詩を音読してください。そして、担任の先生方に、「授業で子どもたちをみすゞさんの素晴らしさに出会わせてやってください」とお願いしてみてください。

平成二二年一二月二〇日

◎もくじ◎

『子どもたちと 金子みすゞの 作品を読む』によせて

――矢崎節夫

清水左知子先生の願い

著者の清水左知子先生とは神奈川子どもの詩の展覧会（主催・神奈川児童文化振興会）の審査員をご一緒させていただいているご縁で、みすゞさんの詩についてのお話をよくうかがい、熱い想いを強く感じていました。

お話の中で、みすゞさんはふつうの人には思いもよらない、深くて広い宇宙観、自然観、人間観を持っていること、それを子どもたちにわかる言葉で書いていて、このみすゞさんの詩を子どもたちに出会わせることができたら、どんなに子どもたちの心と言葉の成長に役立つかということなどを強く受け止めました。

子どもたちは真実を見分けたり、美しいものを愛でたり、弱い立場の人たちにそっと心をよせることが自然にできます。新しいことを学ぶことも大好きです。事実に感動し、深く知ることができる感性を持っています。

この感性豊かな子どもたちに是非、教師と大勢の友だちと一緒に学ぶことができる教室で、出会わせてあげたいのです、といつも語っておられます。

大勢の友だちと一緒に学ぶということが、とても大事なことで、みすゞさんの深い心に触れる一番の近道になる、と清水先生はご自分の体験から学ばれたそうです。

また、みすゞさんの詩は子どもたちがたくさんの発見ができる詩で、発見ができた時、子どもたちは本当にうれしそうです。この喜びが感じられるから、自分もうれしいのです。日本中の先生にも、この喜びを味わってもらいたいのです、ともおっしゃっています。『子どもたちと 金子みすゞの 作品を読む』を通して、清水先生の願いがみなさんにとどいたらいいな、と心から思います。

みすゞさんのまなざし

みすゞさんが他者に対してどのようなまなざしを持っていたのかは、『私と小鳥と鈴と』を読むとわかります。

題は、『私と小鳥と鈴と』と「私」がさきになっていますが、詩の中ではこの位置がひっくり返って、〈鈴と、小鳥と、それから私、〉と、「私」があとになっています。

「私とあなた」ではなく、「あなたと私」というまなざしが、みすゞさんのまなざしなのです。この「あなたと私」というまなざしがなければ、〈みんなちがって、みんないい。〉

というしれしい言葉は成り立ちませんし、代表作の『大漁』も生まれなかったでしょう。

この「あなたと私」を説明する時、小学生の人には次のように話します。

「みなさんは、自分を何だと思っていますか。植物ですか。動物ですか。人間ですか」

「人間です」と答えてくれます。

「そうです。人間ですね。では、あなたは人間ですよ、と誰かに教えてもらいましたか」

「誰にも教わらなくても、人間だと知っています」

じつは、誰にも教わらなくても知っている、ここが大事なのです。それは、言葉では教えてくれなかったけれど、誰かが気付かせてくれた、ということなのです。

「では、もしみなさんがお母さんから生まれてすぐに、イヌ君の群れにぽんと置かれたら、自分を何だと思いますか」

「イヌだと思います」と、すぐに答えが返ってきます。

そうなのですね。

自分が人間だと認識できたのは、生まれた時からそばにいてくれるお母さんやお父さん、たくさんの人のおかげなのです。自分は人間だ、とこんな根原的なことを気づかせてくれたのは、自分ではなく、「あなた」なのです。

ですから、あなたがいてくれて私がいる、「あなたと私」なのです。

「あなたと私」になった時、あなたの痛みは私の痛み、私の痛みはあなたの痛みと、共に支えあう存在になれるのです。

それだけではありません。

私から見ると、みなさんが「あなた」ですけれど、みなさんから見ると、私が「あなた」なのです。どちらが大切ではなく、どちらも一緒に大切！　なのです。

みすゞさんは、人間だけではなく、植物や動物、石や雪にまで、「あなたと私」というまなざしを向けたからこそ、深く優しい作品を書くことができたのです。

他者に対して、自分のことのように考えることができたら、いじめや戦争だってなくなることでしょう。

この『子どもたちと 金子みすゞの 作品を読む』を手にしてくださった先生方が、「あなたと私」というみすゞさんのまなざしも一緒に伝えてくださったら、本当にうれしいです。

第1章　目に見えないものの中には、本当に大事なものがあることを知る

――国語科学習指導案　対象3・4・5・6年生――

1　教材名『星とたんぽぽ』

星とたんぽぽ

青いお空の底《そこ》ふかく、
海の小石のそのように、
夜がくるまで沈《しず》んでる、
昼のお星は眼《め》にみえぬ。
　見えぬけれどもあるんだよ、
見えぬものでもあるんだよ。

散ってすがれたたんぽぽの、
瓦《かわら》のすきに、だァまって、
春のくるまでかくれてる、
つよいその根は目にみえぬ。
　見えぬけれどもあるんだよ、
　見えぬものでもあるんだよ。

『金子みすゞ全集・Ⅱ』ＪＵＲＡ出版局
＊旧字旧仮名を新字新仮名になおしました。

2　教材について

典型的な七五調の詩である。一連と二連は同じ言葉がたくさん使われている。また、きれいな詩でもある。こういう詩は、子どもたちは大好きで、すぐに暗記してしまう。

みすゞさんは他の人には見えぬものを見る人である。代表的な作品と言われている「大漁」は、人間が大漁に浮かれているその裏側では、鰯たちが海底で弔いをしている、というのである。つまり、人の立場でなく、食べられる鰯の立場でものを見ている人なのである。そしてみすゞさんは、眼に見えないものを大切にする人でもある。「星の王子さま」

が、「大切なことはね、目に見えないんだよ」と言っているように。みすゞさんと「王子さま」は、同じ目線で世界を見ているのだろうか。

この『星とたんぽぽ』も同じである。星、海底の小石、たんぽぽの根っこなど、眼に見えないものでもちゃんと存在しているのだと言っている詩なのである。しかも、その見えぬものがとても大切なのだと言っている。もしかしたら、見えるものよりも大切だと思っているかもしれない。根っこは、外からは見えていない。けれども植物を養う上では、最も大切なものである。星も大切なものとして捉えているのだろう。

みすゞさんは果たして、星、小石、根っこだけのことを言っているのであろうか。そうではないと思う。空気、特に酸素はその代表的なものであろう。酸素が無ければ生き物は、生きてはいけない。でも見えないのである。また、命。命も目には見えない。親が子どもを思う、その思い。その思いは見えないけれど、ある。その他、見えないものは、たくさんあるだろう。今見えているもの以外みんな見えないものといえるだろう。

3　児童について

この詩を読んで、子どもたちはどう思うだろうか。「好き」という子が多いのではないだろうか。一連の、昼間は見えなかった星が、実はないから見えないのではなく、あっても見えないだけということも、すぐに納得するだろう。なぜなら、夕方、空がまだ明るいのにいちばん星が光りだし、暗くなるにつれて、つぎつぎに星が出てきたのを見たという体験を持っている子どもは多く、その景色は心の中にある感慨をもたらしていると思う。

二連についても、たんぽぽに限らず、植物には根っこがあって、それが栄養を茎や葉や花に送っているということも知っている。その根っこをすぐにイメージして、表面に出てはいないものでも大切な働きをしているものがあるんだと納得する子も多いと思う。

「この世には、見えないものがあり、それは、大切なもの」というのがこの詩の眼目だと思うのだが、子どもたちは、それを捉える感性を持っている。その子どもの感性と、みすゞさんの詩の力（子どもの心を見えないものへといざなう力）で、子どもたちはきっとこの学級でも、見えないものが存在し、それは大切なものという認識を持ってくれると思う。

4 指導について

まず、詩を読ませる。次にこの詩が好きか嫌いかを問う。次は、場面の情景を想像させる。子どもたちは、情景を豊かに想像するだろう。その情景を想像することによって、この詩が今まで以上に好きになる子がいるだろう。その情景の中から、見えないものが、実は大切な役割をしているということに気づかせたい。次に、この他に、見えないけれども存在するものについて考えさせる。「空気」は、真っ先に出てくるだろう。「気」というのも出てくるだろうか。気合を入れるや、気を遣う、なども見えないけれども、「気」は存在しているのではないだろうかと考える子どももいるだろう。「見えない糸で繋がっている」などという子どももいるかもしれない。「両親の思い」なども、見えないけれどもあるのではないかと考える子どももいるかも知れない。確かに、見えてはいないけれども、親は、子どもの幸せを願っている、その思いも、見えないけれどもあるといってもいいだろう。「神」という子どももいるだろう。「神」を願いを叶えてくれる功利的なものと考えずに、崇高なものととらえてくれればいいな、と思っている。

みすゞさんの詩を読むと、科学では捉えきれない何かがある、という気持ちにさせられる。子どもたちが、「見えないものは、絶対にないとはいえない、そしてそれは、大切なものである、それらのものを何となくでも感じられることがある」というようなことや、見えないものを「大切なもの」と感じてくれればいいと思っている。言葉については、「みえぬ」の（ぬ）、「すがれた」「瓦」などについて扱う。くりかえして使っている言葉についても、重要であり意味があるということも教えておきたい。

5　目標

詩が表現している情景を豊かに想像し、見えないものの中に、大切なものがあることを感じとる。また、こんな詩を書いた金子みすゞさんの心について思いをめぐらせる。

6　展開（6年生）（2時間）

※Ⓣ：教師　Ⓒ：子ども

学習活動	教師の働きかけと予想される児童の反応	備考
・見えないけれどもあると感じたことについて発表する。	Ⓣ今まで、目に見えないけれど、「あるな」と感じたことを発表してください。 Ⓒ空気 Ⓒ酸素 Ⓒ心 Ⓒご先祖様 Ⓒ声 Ⓒ音 Ⓒ気配	

・『星とたんぽぽ』の詩を読む。

Ⓣどうしてそう感じたか言ってください。
Ⓒ友だちの優しさを感じたことがある。
Ⓣ金子みすゞさんが作った『星とたんぽぽ』の詩を読んでみましょう。
Ⓒ読む。
Ⓣこの詩が好きですか。嫌いですか。
Ⓒ好き。
Ⓒ嫌い。
Ⓒ質問ですが、「見えぬ」って何ですか。
Ⓒ「見えない」ってことです。
Ⓒ「瓦」って何ですか。
Ⓒ家の上にあって、雨がふっても漏れないようにしているもの。
Ⓒ家を壊した時、壊れて散らばっていることがある。
Ⓒ「そのように」という言葉がわからない。

・詩を書いた模造紙
※1 詩を読む観点。
・瓦の絵

・詩に表されている情景を想像する。

Ⓒ海の底に沈んでいる小石の「ように」夜がくるまで沈んでいる星のこと。

Ⓒ「目」の字を使わないで、どうして「眼」と書いたんだろう。

Ⓒ「目」の字は、ほんとの「目」のことだけど、「眼」は、深い　意味を持っているような気がする。たとえば、眼力など。

Ⓒ「だァまって」という意味がわからない。

Ⓒ「だまって」という意味だと思う。方言かな。

Ⓒ後ろの正面だァれ。なんてわらべ歌なんかで使う。それと同じではないかな。

Ⓣこの詩を読んで、見えてきた景色や様子について話してください。

Ⓒ夜空に星がいっぱい出ていて、きれい。

Ⓒ昼間は、真っ青な空なのに、暗くなると星がたくさん出てくる。

・星空の絵

・その他、詩で気がついたことを話し合う。

Ⓒキャンプをした時、星がきれいに見えたことを思い出した。

Ⓒ北斗七星を見たことがある。ひしゃくの形をしていた。

Ⓒこの詩は、見えないけれどもあるって言っている。

Ⓒたんぽぽの根っこを見たことがあるけど、太くて、しっかりしていた。

Ⓒ根っこは、かくれていて見えないって言っている。

Ⓒたんぽぽは、黄色くて、たくさん咲いているととてもきれい。そのきれいを生かしているのは、根っこ。

Ⓒ見えぬことでもあるんだよ。「見えぬものでもあるんだよ」というのが二つある。何度も繰り返し言っていることは、大切なところだから、このことがいちばん重要なこと

・すがれたたんぽぽの絵

・たんぽぽの根の絵

・目には見えないけれど、「あるもの」について語り合う。

だと思う。

Ⓒ見えないけど、根っこは、花に必要な水や栄養を送っているから大切。

Ⓒ根っこがないと枯れてしまう。

Ⓒ星もとっても大切って言ってるような気がする。

Ⓒ星を見ると、神秘的な気持ちになる。

Ⓣ神秘的ってどんな気持ちですか。

Ⓒ言葉では表せないような不思議な気持ち。

Ⓣ眼に見えないけれどあるんだよ、と何度も言っているから大切なところと言った人がいますが、それについて話してください。

Ⓒ思う。根っこや星が大切とわかった。

Ⓣその他、どんなものがあるでしょう。

Ⓒ「気持ち」なんかもそうかな。

Ⓒ気持ちを込めてなんて言うから、見えないけれどあるような気がする。

・金子みすゞに

Ⓒおかあさんや、おとうさんが私たちを思う気持ちなんかも入っていると思う。
Ⓒ入っている。だって、「気持ち」には、「気」という字が入っている。
Ⓣ今まで、人の気持ちを感じたことがある人。
Ⓒ病気になった時、おかあさんが心配してくれた。
Ⓒとても落ち込んでいる時、友だちが心配してくれた。
Ⓣみすゞさんは、見えないもののことをどう思っているのでしょう。
Ⓒ見えないけれど大事なんだよって言っている。
Ⓒ地味だけれど、これが、一番大切って言っている。
Ⓒ見えないものを大切にしなければいけないって言っている。
Ⓣ金子みすゞさんってどんな人だと思いますか。

ついて話し合う。

・感想を書く。

Ⓒとても優しい人。
Ⓒ他の人には見えないものが見える人。
Ⓒ目に見えないものでもあるんだよって言っている。
Ⓒ私たちに、目に見えないものでも大切なものがあるんだよって教えてくれている。
Ⓣでは、今日の勉強や、金子みすゞさんについてなど、思ったことを書いてください。
Ⓒ感想を書く。

※2 板書

（※1） 詩を読む時、どんな観点で読んだらいいか

○好きか嫌いか。
○好きなわけ、嫌いなわけ
○質問
○感じたこと
　やさしい　大切なこと　励まされた　落ち込んだ
○見えてくる景色（心のテレビ）
　きれい　力強い　寂しい
○言葉
　繰り返し　特徴のある言葉遣い　リズム　好きな言葉
○大切なことは何か
　一番言いたかったことはなにか？
○おもしろさ
○詩人の心
　詩を読んで感じたこと　どんな人だろう

7 指導の実際

Ⓣ今まで、見えないけれどあるんだと感じたことはありませんか。

Ⓒ空気

Ⓒ酸素

Ⓒ友だちの心

Ⓒ気配

Ⓒ雰囲気

Ⓒ命

Ⓣ「友だちの心」と言った人は、実際にどういうことか、話してくれませんか。

Ⓒ熱があったとき、友だちが、電話してくれて、「大丈夫？」と心配してくれた。それに心を感じた。

Ⓣ今日勉強する詩は、金子みすゞさんの「星とたんぽぽ」という詩です。私が読みますから、聞いてください。（読む）

Ⓣこの詩は好きですか。嫌いですか。

Ⓒ（好き……〇人。嫌い……〇人。好きでも嫌いでもない……二九人）

Ⓣ（詩を読む観点の表を出して）こんなことを考えながら読んでみてください。

Ⓒ（読んで、感じたことなどメモする）

Ⓣ発表してください。

Ⓒ質問。「だァまって」というのがわからない。

Ⓒ（同じです）

Ⓣわかる人がいたら、言ってください。

Ⓒ（なし）

Ⓣうしろの「しょうめんだァれ」と同じような使い方かな。「だまって」と言うところを「だァまって」と言っているのですね。

Ⓒ「目」と「眼」のちがいがわからない。

Ⓣわかる人がいたら、言ってください。

Ⓣ眼には、眼力・複眼などがあります。目という字を使うのは、人の目というように、シンプルな使い方をするでしょう。

Ⓒ目は、単純に目を指す時、眼は、複雑、奥深い気がする。

Ⓣ「瓦のすき」にというのは、どういうことですか。

Ⓒ下に敷いてある瓦のかけらの間からということ。

Ⓣその様子をイメージしてください。（かなり長いたんぽぽの根の絵を見せる）（子ども

（から出てきた答を板書していく）

Ⓒ陰でがんばっている。

Ⓒ見えないところでじっとこらえている。

Ⓒ頑固。

Ⓒたんぽぽの花は、散ってしまって、根だけは、力強く生きている。

Ⓒ休んでいる。

Ⓒ春になると、働く。

Ⓒ春になるとがんばる。

Ⓒたんぽぽがいっぱい咲いている様子が目に浮かぶ。それは、根っこがあるから。

Ⓒ「すがれたたんぽぽ」が目に浮かぶ。でも、春になると、たくさん花が咲いてくる。

Ⓒ強く生きている。死んでしまったわけではない。

Ⓣ「そのように」という言葉が出てきますが、どういうことですか。

Ⓒ海の底の小石のように、夜が来るまで待っている。

Ⓣ「海の底の小石のように」と、「星」はどっちが主人公ですか。

Ⓒ答は、昼の星です。

Ⓣ（カード提示）　きれいな花のように美しい人

「ように」の前が主ですか。後ろが主ですか。

Ⓒ後ろです。

Ⓣこのように、という言葉の使い方を知っておくと便利です。

Ⓣ一連の様子をイメージしてください。

Ⓒ夜には、星が光ってきれい。

Ⓒ星が、きらきら光っている。

Ⓒ一行が一二音ずつです。（意見を聞いて、子どもたち数える）

Ⓒほんとだ。みんな一二音になっている。

Ⓣそれが、詩のリズムになっているのです。音数を同じにすると、リズムが出て来るのがわかるでしょう。読んで、リズムを感じてみましょう。

Ⓒ（読む）

Ⓒ金子みすゞさんが伝えたかったことは、「見えぬことでもあるんだよ。見えぬものでもあるんだよ」ということだと思う。

Ⓒ何回も言っているから、大切なところ。

※2 板書

一連
○明るい。静か。
○きれいな青空。
○昼の星は眼に見えぬ。のところが好き。
○海の底の小石。
○そのように……海の底の小石のように、星は夜になるまで待っている。
○夜空にきらきら光っている星。
○底というのがあるから少し暗い。
○命を感じる。
○見えぬことでもあるんだよ。2回
見えぬものでもあるんだよ。2回

二連 たんぽぽ
○すがれたたんぽぽ。
○根っこは、かげでがんばっている
○がんこ
○花は散っても根は、力強く生きている。
○強く生きている。死んでしまったわけではない。
○春になるのを待っている。
○春になるとがんばる。
○命を感じる。
○見えぬことでもあるんだよ。2回
見えぬものでもあるんだよ。2回

Ⓣ今まで、見えないけれどもあるものは大切、という勉強をしてきましたが、心とか、生きているとか、未来とか、実際に見えないけれど、あるって感じたことを話してください。

Ⓒ風邪をひいた時、友だちが心配してくれて、手紙を書いてくれた。その時、心があるって感じた。

Ⓒ卒業式の時、私が指揮、友だちがピアノ、練習の時や本番の時、励ましあった結果、二人の心が通い合って、よくできた。

Ⓒ根って大切なものだけれど、隠れていて、表面に見えていないけど、力強く生きている。人間も見えないところで努力することが大切って言ってるような気がした。

Ⓒ見えないものの中には、大切なものが隠れていると感じた。命とか、友だちの心とか。

Ⓒ見えないものは、心や気持ちで感じる気がする。

Ⓒ心がかかわっているということを知った。

Ⓣ目をつむって、この詩をイメージしながら、聞いてください。

Ⓒ（読む）

Ⓣ暗記している人もいますね。

Ⓣ今日の詩や勉強や金子みすゞさんのことについて、感想を書いてください。

Ⓒ（書く）

8 感想

［感想まとめ］

『星とたんぽぽ』 Y小 6-1感想

情景について

1 青いお空の底ふかく 美しい表現 3名

海の小石のそのように 美しい表現 3名

2 ふつう「海の底」とは言うけれど、空の底とは言わないけれど、私はその表現で、青く美しくふかい空を想像した。 1名

3 強いその根は、というところで、しっかりした、太い根を思い浮かべた。 3名

想像

4 昼間は見えないと言うけれども、私には、目をつむれば見えてくる。 1名

5 瓦のすきまにはさまれていて、がんばっている、太い根を想像した。 1名

6 見えないものだけど、私には、木の根、人間の臓器《ぞうき》などが見えてきた。見えない、でも、たくましく生きている。 1名

表現の形	7	星を海の石にたとえている。「海の小石のそのように」とか、「沈んでる」とか	2名
	8	一連《れん》の五・六行と二連《れん》の五・六行は、さがっている。	2名
	9	「眼にみえぬ」と「見えぬけれどもあるんだよ」が、一連《れん》にも二連《れん》にもある。	1名
みすゞさんの気持ち	10	海の小石や昼の星やたんぽぽの根のように、見えないものも存在《そんざい》しつづけているんだよと言いたかった。	1名
	11	見えないものだからって、ばかにしたり、けなしたり、邪《じゃ》魔者《まもの》扱いをしてはいけない。目に見えなくても生きているし、役に立っているんだ。	1名
	12	目に見えないものでもがんばっている。昼は見えぬ星でも、夜になると、光って照《て》らしてくれる。	1名
	13	人も縁《えん》の下の力持ちをしている人だっているんだ。	2名
	14	人の気持ちは目に見えないし、口に出さないこともあるけど、どんな人にもちゃんと意思《いし》があるということ。	1名
知ったこと	15	星とたんぽぽには、共通点《きょうつうてん》がある。	1名

感動

16 見えぬものでもあるんだ。 1名

17 見えぬけれどもあるということに感動した。 3名

18 一段《だん》下がっているところは、特別な意味があるのだろうと思った。 4名

疑問

19 いい詩だなあと思った。 1名

20 何が見えないのかわからない。 1名

21 「だァまって」というのは変。 2名

9 指導後の反省

1 子どもたちの多くは、ありふれた動物や植物などは、詩にふさわしくないと思っているらしく、この「星とたんぽぽ」の詩も一読しただけでは、「何言ってるんだろうこの詩、訳わかんない」とか、「グッとくるものがない」というような反応が多く、一読後の感想では「好き」が〇人で、「好きでも嫌いでもない」というのが全員だった。授業後の感想では、うってかわって詩がわかったと言い、好きになったと言う子どもも多数いた。そこで痛切に思ったことは、子どもたちをよい詩と出会わせなければならないということであった。

2　なぜ、子どもたちが、この詩が好きになったかというと、金子みすゞさんのこの詩そのものに内容と形象があるということ、子どもたち自身の中にも心を耕したいとか賢くなりたいという内的な渇望があること、そして、人は誰でも、語りたいという気持ちを持っているということ、それらをこの授業で満たされたからだと思うのである。

3　この授業の特徴として言えることは、まず、詩の見方についていろいろな例を提示したことである。「話す内容」がなくては、話し合いはできないからである。

4　話し合いは、はじめに結論ありきではなくて、子どもの意見をじゅうぶん聞くこと、そして、結論は、自分たちで出すことという形をとっている。「何でも言っていいんだよ」という言葉が、彼等の発表することに対するいろいろな呪縛を解いたと思う。

5　そして、一人ひとりの意見をちゃんと尊重して位置づけたこと（教師ができうる限りの教材研究をしておくことによって、発言の価値がわかり、それを適切に位置づけたこと。（一人一人を大切にするということはこういうことだと思う）

6　この『星とたんぽぽ』は、三年生三クラス、四年生一クラス、六年生二クラスで授業を行った。この詩は、一見やさしそうに見えて、なかなかむずかしい詩である。しかし、学年が上がるにつれて、内容を深く読みとることができるようになってくると感じた。

7　四年生の中には「眼に見えないものがあることをめて知った」という、こういう世界を知らない子どもがいて、そのまま大人になる子どもも無きにしもあらずと感じ、改めて金子みすゞさんの詩に出会わせることの重要さを知った。

8 本時については、教師の発言がかなり多かった。子どもの中から出てくるだろうと思っていた質問があまり出てこなかったので、教師の方から投げかけたものもあった。子どもたちの発言が少なかったので、内容の読み取りがよくできなかったのだろうか、という危惧があったのだが、感想を読んでみると、みすゞさんの心をしっかり受け止めていたので安心した。

9 実物を提示することの大切さを痛感した。ここでは、たんぽぽの根を見せたが、かなり、驚いたようであった。このような驚きは、授業を行う上で、とても大切である。

10 こゆるぎ会の会員のご意見

●N先生 詩を読む観点について例示があったが、その他として、「省略、対比、比喩、擬人化、倒置」等も考えられる。

●清水 飛田多喜雄・国語教育実践理論の会著『誰にもできる国語科教材研究法の開発』(明治図書)のなかの教材研究の観点と、その体系化を参考にし、『星とたんぽぽ』の詩と子どもの実態によって決めた。

●F先生　現代の国語教育は、「教えない」という風潮が見られるが、教えるところはしっかり教えるし、学び方も教えていきたい。教える時、昔のままの方法ではなくて、方法を工夫する。また、楽しい授業は、笑える授業というのではなくて、知的な満足ができるようなものが望ましい。

●N2先生　N先生のおっしゃった、読む観点について賛成。味わいというようなことも考えてみたい。話し合いの一つの方法として、ペアで話し合わせるというのはどうだろうか。

●F先生　これからの教材には、文語調のものもあるので、そういう面でも考えていきたい。

●N先生　一つの方法として、題を「星と〇〇〇〇」として、この〇のなかに何が入るだろうか、というやりかたや、最後の「見えぬことでもあるんだよ。見えぬものでもあるんだよ」というところを伏せておいて、自分たちで考えさせるというようなことも考えられる。

『星の王子さま』の中に、「本当に大切なものは、目に見えないんだよ」という言葉がありますが、この詩も同じことを言っていると思いました。目に見えないものを探すと、空気、親が子どもを思う気持ち、根っこ……みんな大切なものばかり。

こういうことは、誰が子どもたちに教えるのでしょう。そういうことを何も感じないで大きくなった人ばかりだったら、なんと味気ない社会になってしまうでしょう。この『星とたんぽぽ』を学んだ子どもたちは、いろいろなことに気がついたようです。

この詩を最初に提示した時、「好き」という子どもの数が○人で、全員が「好きでも嫌いでもない」と答えました。ところが授業後の感想の中で、「いい詩だなぁ」「見えぬものでもあるんだということを知って感動した」など、この詩に感動した子どもがたくさんいました。みすゞさんの深い心がわかったのでしょう。

私も、この詩を教えてよかったと心から思いました。

第2章

何気なくいった一言で、思わぬ人に思わぬ気をつかわせる結果になることを知り、言葉に配慮することの大切さに気づく

——国語科学習指導案　対象3年生——

1　教材名　『露《つゆ》』

露《つゆ》

誰《だれ》にもいわずにおきましょう。
朝のお庭のすみっこで、
花がほろりと泣《な》いたこと。
もしも噂《うわさ》がひろがって

蜂《はち》のお耳へはいったら、
わるいことでもしたように、
蜜《みつ》をかえしに行くでしょう。

『金子みすゞ全集・Ⅱ』ＪＵＲＡ出版局
＊旧字旧仮名を新字新仮名になおしました。

2 教材について

この詩は、素朴であり、想像力の飛躍があり、筆致がやさしい。
一般に「露」が出てくる詩は、あまりないのではないか。その「露」が何でも知っている、これも予想外である。空や風などが何でも知っているというのが一般的な発想である。そしてこの何でも知っている「露」は賢い。知っていることをやたらに話さないという賢さを持っている。話してしまったら、それがどんな波紋を生じるかもしれないことをちゃんと承知していて黙っている。

では蜂はどうだろう。これは優しい。花が泣いているということを知ったら、その原因が自分だと思い、「蜜を返しに行く」というのだから。では、花は何で泣いているだろう、きっと誰かのために泣いているのだ、だから「ほろり」なのだ。言葉から優しい花を想像する。

筆致が優しい詩である。ほろり、お耳、という言葉や、七・五の音数で構成されている日本的な韻律。口の中で転がしていると、言葉や語りの優しさが心に響いてくる。

金子みすゞの詩は、一連のはじめにテーマのような重大なことを、まず持ってくるのが多い。『お魚』は「海の魚はかわいそう」、『みんなをすきに』は、「私は好きになりたいな」、この『露』は、「誰にもいわずにおきましょう」、など。だから、子どもたちは、この詩の世界にすっと入っていける。

3　児童について

兄弟姉妹が少ない子どもたち、物が豊富にある子どもたち、身辺には欲望をそそるような物が溢れかえっている。そして、子どもに甘い親たち。だから、欲しいものが誰にも邪魔されずに手に入ることが多い。そんな中で育った子どもたちは、自分以外の人の心を知る機会が少ない。「奪ったら喧嘩になる、どうしたらいいのか」というようなことを考える必要はないし、実行しなくてもいい。

また、人の心を忖度《そんたく》するよい材料となる読書について考えてみよう。今、子どもたちに人気のある本を聞いてみると、明るく元気な主人公が楽しく活躍する話が多く、この点からも悲観的にならざるを得ない。

以上のようなことから、今の子どもたちは他の人の気持ちをとらえることがうまくできないと推察するのである。

それどころか、言葉によって友だちを傷つけている例をよく見かける。何でも言いたい放題という場面をよく見聞きする。これも人の心を思いやることの少ない証拠である。

しかし、子どもたちは、芯は優しいのだ。そんな優しい芯を持った子どもたちでも、何もしなければ、自分本位な子どもに育っていく。そんな子どもたちに、本当は優しい自分を発見する機会を持って欲しいと思い、この教材を選んだのである。

みすゞさんは、普通の人には思いもよらないような眼で人や動物や自然を見ている。その根底には、慈悲の心がある。私がみすゞさんの詩を子どもたちに読ませたいと考えるのはこの点である。この「露」の詩を読ませたいと思ったのは、そのうちの他の人の心を思いやることの大切さを教えたかったからである。

また、みすゞさんの詩は、深いものを持っていて、表面は優しそうでいて本当はむずかしい。しかしその本質を五感のようなもので受け止める子どもも少なくない。むずかしいけれど、子どもたちはきっとわかってくれると信じている。

4　指導について

まず、友だちに噂をされて、いやな経験を持ったことを思い起こさせる。他人は噂を何気なく言っているかもしれないが、こんないやな気持ちになるのだということを知らせたい。その後、何度もこの詩を読ませる。感想等を参考にして、この詩について話し合わせる。その中で子どもたちに、「木の葉や、草の葉についている儚《はかな》い露が、花の心や、蜂の心を推し量ることのできる広い心の持主である」ということと、心ない噂は人の心を傷つけることを教えたいのである。

はじめの、「誰にもいわずにおきましょう」は、大事な一行である。そこから、花の泣いている情景を想像させ、それを、噂することによって、花は、どんなことを感じるかを想像させる。噂が人の気持ちを傷つけることを知ってほしいのである。

露は、知っていてもそれを誰にも話さない。おしゃべりによって生ずる波紋や戸惑いを回避しようと思っているのである。つまり、花や蜂の心を大切にしているのである。この露の心の深さを感じとらせたい。

そして、自分たちが、今まで知らずに言葉で人の心を傷つけてきたことに思いを馳せ、これからどうするかについて、それぞれ考えてくれることを願っているが、あまり理屈に走らず、気持ちに訴えたい。

5 目標

「露」の詩を読んで、他の人の心を推し量ることのできる露や蜂の優しさを知り、自分も言葉に配慮しなくてはという気持ちを持つ。

6 展開

学習活動	教師の働きかけと予想される児童の反応	備考
・『露』の詩を読む。 ・友だちに、噂された経験や、その時の気持	Ⓣ金子みすゞさんが書いた『露』の詩を読んでみましょう。 Ⓒ読む。 Ⓣこの詩は好きですか。嫌いですか。 Ⓒ好き。 Ⓒ嫌い。 Ⓣ今まで、友だちに自分の噂をされたことはありませんか。その時どう思いましたか。 Ⓒみんなが、私の友だちではないような気持ちに	・模造紙に書いた詩

ちを話す。

なって、さみしかった。

Ⓒひとりぼっちになった気がした。

Ⓣこの詩は、噂話に関係したことが書いてあります。もう一度、この詩を読んでみて、感じたことを話してください。詩は、あなたの気持ちで読んでいいので、間違っていることは一つもないので、思ったことを言ってください。これは、例です。参考にしてください。

〈例〉
・好きなわけ
・きらいなわけ
・わからないこと
・みすゞさんのこと
・つよくかんじたこと
・露や花やはちについて

・感想や質問を発表する。

・「露」や花や蜂について、考えたことを話し合う。

・うわさについて
・ふしぎに思ったこと
・じぶんとくらべて

Ⓒ読む。

Ⓒ「露」の話。

Ⓒ「露」が、花が泣いてるのを見て、このことは、「誰にも言わない」って言っている。

Ⓣ露や花や蜂について気がついたことや、考えたことを言ってください。

Ⓒ「露」は、考え深い。

Ⓒ自分がおしゃべりをすると、いろんなものに迷惑がかかると思って、しゃべらないから賢い。

Ⓒ蜂も優しい。

Ⓒ蜂は自分のせいで、花を泣かせてしまうって考える優しい気持ちを持っている。

Ⓒ花が泣いていることを聞いたら、蜂がせっかく集めてきた蜜を返しに来る。

Ⓒ蜂が噂を聞いたら、花が泣いてるのは、私が蜜をもらったからだ、と責任を感じて返しに来る。そうすると蜂もかわいそう。

Ⓒ「露」が言わなければ、蜂も元気に働ける。もし言ったら、蜂はどうしていいかわからない。だから、「露」は人の気持ちがわかって賢い。

Ⓒ花はどうして泣いているのかな。

Ⓒ蜂が蜜を取ってしまったので泣いている。

Ⓒそうではないと思う。蜂が蜜を取ってくれないと、花粉が雄しべにつかない。そうすると、雌しべに実がつかなくて困る。だから、蜜を取ってもらう方が嬉しい。

Ⓒ原因は、蜜を取られたことではないと思う。もっとちがうことだと思う。

・金子みすゞについて思ったことを話し合う。

・感想を書く。

Ⓒ花は友だちが散ってしまって淋しかったと思う。
Ⓒ「露」も花も蜂も、みんないい人。
Ⓣこの詩を書いた金子みすゞさんについて考えたことを話してください。
Ⓒとても優しい人。
Ⓒ自分のことより人の心を考える人。
Ⓒおしゃべりをしない人。
Ⓒおしゃべりをすると、みんながどんなに困るかを考える人。
Ⓣ「露」や花や蜂の気持ちになって読んで見ましょう。
Ⓒ（読む）
Ⓣ感想を書いてください。
Ⓒ（感想を書く）

7　指導の実際

Ⓣ今まで、噂話を聞いて嫌な気持になったことがありますか。

Ⓒあんまりない。

Ⓣ今日は、噂話に関係のある詩を勉強します。始めに読んでみます。（読む）

Ⓣ今日は、金子みすゞさんの「露」という詩を勉強しましょう。はじめに私が読んでみます。（読む）

Ⓣこの詩が好きな人……一八人。

嫌いな人……四人。

どちらでもない人……三人。

Ⓣ自分で読んでみて、感じたことや、質問や好きな理由や、嫌いなわけを話してください。こんなことを参考にしてもいいですよ。

〈例〉
・好きなわけ
・きらいなわけ
・わからないこと

・みすゞさんのこと
・つよくかんじたこと
・つゆや花やはちについて
・うわさについて
・ふしぎに思ったこと
・じぶんとくらべて

Ⓒ質問です。「ほろりと泣いた」って書いてあるけど、何で泣いたんですか。※1
Ⓒみすゞさんは、こんな詩を書いたところがすごい。だって、「露の」気持ちを書いているから。
Ⓒきれいでやさしい感じの詩。
Ⓒ蜂が、悪いことでもしたように蜜を返しに行ったって書いてある。何故蜜を返しに行ったのか。※2
Ⓒ「誰にもいわずにおきましょう」は、優しい。
Ⓒ花が泣いているのに気が付いたのが、「露」でよかった。どうしてかというと、噂を言わないから、蜂は元気に蜜を取りに行けるから。

Ⓒもし、花が泣いたのがわかったら、蜂がかわいそう。だって蜜を取るのは、悪いことではないのだから、悪いことと思ってはかわいそう。

Ⓣ噂って何でしょう。

Ⓒこそこそばなし。

Ⓒ誰かがきて、こそこそ話すこと。

Ⓒ誰でも知られたくないことがある。知られたくないのにみんなに知られてしまう。

Ⓣ言われた人の気持ちになってください。

Ⓒいやな噂が広がっていやだと思う。

Ⓒお友だちがいなくなったと思って悲しい。

Ⓒ噂した人が嫌いになる。

Ⓒ冗談じゃねえぜって思う。

Ⓒその人としゃべりたくない。

Ⓣ（※1）「花がほろり」って泣いたのが、可哀想って言っていた人がいましたが、どういうことですか。質問の回答。

Ⓒ「ほろり」っていうのは、ちょびっと涙が落ちる。たくさんではない。

Ⓒ少しだけ涙が出る。

Ⓒ花は、友だちが散っていったのを悲しんだのかもしれない。

Ⓒ蛙なんかがいたずらをしたかもしれない。

Ⓒちょうちょも遊んでいるかもしれない。

Ⓒ「ほろりと泣いた」のを見たのが、「露」でよかったと思う。蛙なんかが見たとしたら、噂が広がる。

Ⓣ（模造紙に、花の絵　草の絵　蛙　ちょうちょなどを入れていき、詩の登場人物の関係を書き込んでいく）

Ⓣ花は、ほろりと泣き、それを見たのは、露。その露の周りにいろいろな生き物がいますが、露は、花が泣いたのを、他の生き物にいったのでしょうか。

Ⓒいわなかった。

Ⓣどうして。

Ⓒ噂が広まったら、蜂の耳に入るでしょう。そうしたら、悪いことでもしたように、蜜を返しに行く。（※2）質問の回答。

Ⓣ噂を言った方がよかったのでしょうか。

Ⓒ言った方がよかった。

Ⓒ言わない方がよかった。だって、みんなが知ったら、蜂が自分の責任だと思って蜜

を返しに来ちゃうでしょう。

Ⓣ噂を言わない方がよかったと思う人。（全員）

Ⓒ噂をいわなかった「露」はどんな人でしょう。

Ⓒえらい。がまんづよい。

Ⓒいい人だし、他の人に優しい人。

Ⓒ花がこれ以上いやな思いをしないようにしたから、いい人。

Ⓒ噂を広げたら、花がいやな思いをするから。

Ⓒ噂をしたら、花がかわいそう。花はもっと泣いちゃうと思う。だから、言わなくて正解。

Ⓒ噂が広まったら、蜂が気を遣って蜜を返しに来るから。

Ⓣこれから皆さんは、どうしたらいいでしょう。

Ⓒ露のように、言ってはいけないことがわかる人になりたい。

Ⓒ知ってても人の噂をしない。

Ⓒそんなに悪口でもないことでも、聞いた人は、どんな気持ちになるかわからないから、噂はしないようにする。

Ⓒ悪気がなくても、いろいろ気にする人もいるから、噂話をしない。

8 指導の反省

1 はじめ、子どもたちはあまり話をしなかった。それをどうするか、ということに腐心した。本来、人は語るのが好きなのだ。その気持ちを引き出してやることが重要なのである。一人ひとりが、語りたがっているのだから、それを引き出してやるのが教師の第一の仕事なのである。そのために、教師も真剣に聞かなければならない。聞いて、認めてやらなければならない、聞き手の友だちも真剣に聞くという心を持たせなければならない。その心構えを持たせるために、話すことの重要さを私が語った。

また、話し慣れていない子どものために、いろいろな手立てを講じた。たとえば、小さな声を、皆に聞かせるために、隣の子に、仲立ちをしてもらったり、教師と一緒に話させたりした。また、発言した子どものよいところを褒めるようにした。そのために時間を二時間扱いにした。子どもたちは、だんだん話すようになった。子どもは、話したり、語ったりすることは嬉しいらしい。また、自分の言葉を認めてもらえばなおさら嬉しいらしく、つぎつぎによい発言をしていく。

2 「露」の気持ち、噂のことなど、とても多くの意見が出てきた。

3 私の気持ちとしては、もっと「露」や花や蜂の気持ちに踏み込みたかったのであるが、三年生としては、前記のようなことで満足と思わなければならないのであろうか。

4　子どもたちは、深い内容にまで触れたことを語ったことに満足したらしく、楽しそうにしていたし、「また、一緒に勉強しようね」といってくれた子どももいた。

5　授業をするたびに、子どもは「本物に感動する心を持っているのだな」と思う。本物にもっともっと触れさせたい。

6　普段からみすゞさんの詩に表されているような心を育て続けることが大切だと思った。

優しい詩である。思いやりに満ちた詩である。

草の葉にいる露は、自分がすぐに蒸発してしまうか、葉から転げ落ちて命がなくなるというのに、花のことも蜂のことも心配してやっているのである。

人はどうしてこんなに噂話が好きなのだろう。いいこと悪いことに関わらず噂話をしてしまう。子どもたちは、ネットや携帯の中で、噂話に熱中しているようだ。でも、その噂話がいろいろな人の心を傷つけていることに思い至らない。

子どもたちの心に、噂話は人の心を傷つけているのだ、という一石を投じられればいいかなという思いと、自戒も込めてこの授業をすることにした。子どもたちは、「露」の優しさ、賢さに気づいたようである。

左から『美しい町』『空のかあさま』『さみしい王女』。
三冊の遺稿手帳。

第3章 人間以外の生き物も自分と同じように思うみすゞさんの心を知る

――国語科学習指導案　対象4年生――

1　教材名『大漁《たいりょう》』

大漁

朝焼《やけ》小焼だ
大漁だ
大羽鰮《おおばいわし》の大漁だ

浜は祭りの
ようだけど

海のなかでは
何万の
鰮《いわし》のとむらい
するだろう

『金子みすゞ全集・I』JURA出版局
＊旧字旧仮名を新字新仮名になおしました。

2 教材について

『大漁』という題である。題の他に、「大漁」という言葉が、こんなに短い詩なのに、二つも使われている。この言葉は、この詩のテーマを表している。

一連は、その「大漁」のことだけである。「朝焼小焼」という言葉も漁港の朝の平和な日常の風景を表している。

二連は六行なのだが、その短い連のなかに、一連とは、天と地ほどもちがった世界を描いている。大漁に沸く浜の祭りと、海底での「鰮」のとむらいである。

みすゞさんは浜にいるのだろうか、いや、いない。それは、「祭りのようだ」と言っているのでもわかる。みすゞさんは人間の祭りに参加していないのだ。だから、「ようだ」と言っているのである。この「ようだ」という言葉も、子どもたちはすぐわかると思う。

では、どこにいるのだろうか。みすゞさんの心は、海底の「鰮」のところに行っているのである。何万の「鰮」のとむらいが目に見えているのだ。

この詩は、「大羽鰮」という言葉と、「とむらい」という言葉以外、難しい言葉はない。また、難しい言い回しもない。誰にでもわかる詩である。「大羽鰮」と、「とむらい」は簡単に説明すればわかるにちがいない。

また、リズムもよくて、すぐに暗記ができるような響きを持っている。表記上はやさしいのだが、内容はかなり難しい。普通、「浜で、祭りをしている、にぎやかで楽しいことだ。大漁をお祝いしているのだろう」という見方でものを見るのが普通である。

しかしみすゞさんは、人間でないものに眼を向けているのである。「大羽鰮」の立ち場でものを見ているのだ。人間の立場では大漁は嬉しいことである。しかし、「大羽鰮」の立場では、人間に捕まえられて、命を奪われる悲しい出来事なのだ。

こんな立場でものを見ているみすゞさんは、万物をわがことのように大切に思える、広くて深い仏のような心を持った人なのである。

3　児童について

子どもたちの生活を見てみよう。子どもたちは、自分に快いもの、楽しいものを求め、それを満たしてくれる人やお金を欲しがっている。「クリスマスのプレゼントは何だろう?」「休みになったら、どこへ連れて行ってくれるだろう?」そして、お年玉の金額が少なかったり、自分の要求が通らなかったりすると、人を恨んだりする。

子どもたちの実態は、時には他人のことを気遣っているような言動を見せることがあるが、まだまだ、自己中心の気持ちから抜け出しきれていない。

しかし子どもたちも、時には父母に対する感謝の気持ちを表す作文を書いたり、自分の祖父母や身近な人たちの病気や死などに遭遇すると、急にその人たちに優しい気持ちを持つことができるようになる。また物語りの人物や、教師が語る気の毒な人の気持ちなどを理解できる素直な気持ちも見せる。

そういう優しさを持っている子どもたちだから、動植物にまで優しい眼を注ぐみすゞさんの心を読みとってくれると思う。

4　指導について

四年生という時期、自分のこと、身辺のことだけでなく、ちがった視点でものを見るという心の広がりを図ることが必要なのではないか。

この『大漁』の詩は、「人間以外に目を向けるという見方もあるんだな」ということを感じさせるのには、適切な教材だと思う。そこでここでは、このみすゞさんの心を受け止めさせたい。さらに、子どもたち自身が、（みすゞさんと同じようにとはいかないまでも）人間以外の立場に立って生き物を見つめる心を少しでも持ってくれればいいと思う。

そこで、次のような指導をしていくつもりである。

まず、自分の好きな食べ物について話させ、どんな食材からできているかを考えさせる。そして、それを食べた時、自分はどんな気持ちになるかを思い出させる。

つぎに、『大漁』の詩を読ませ、好きか嫌いかを聞く。

場面を二つに分けさせる。人間の祭りと海底のとむらいの場面である。まず、始めの場面の、人間の祭りの様子をイメージさせて、この大漁を人間はどう考えているか話し合わせる。次に海底の様子をイメージさせ、「とむらい」という言葉の意味から、自分の体験を思い起こさせ、「鰮」の立場を理解させる。また、「何万の」にも着目させたい。人間が大喜びしている大漁というのは、「鰮」の「何万の」とむらいの上に成り立っているということを感じさせたい。

二つの場面の対比から、人間と「鰮」の立場のちがいに気づかせる。

つぎに、みすゞさんの心を想像させたい。その方法として詩人のいる場所を見つけさせる。それは、「浜は祭りの／ようだけど」の「ようだけど」という言葉に着目させることである。この言葉から考えると、詩人は、人間の祭りに行っていないのである。海底の「鰮」のとむらいに心を寄せているのである。詩人のいる場所から、詩人の心をくみとらせたい。これは、詩を読む時は、言葉の一つひとつが、大切であるということも学ばせたいからである。

もう一つは、子どもたちの体験を語らせる。人の死についての体験はあるはずだ。人の死という厳粛な体験を思い起こさせることによって、この詩の深さを自分のものとして受け止めるのではないかと考えたからである。

始めの方で、子どもたちが述べた、おいしいものは自分たちを楽しませてくれるものとしてしか考えなかったことも、金子みすゞという詩人から見たら、全然ちがった見方をしていることを知ってほしい。そして、自分たちのものの見方を広げてもらいたい。

5　目標　（2時間扱い）

『大漁』の詩から、人間以外の生き物の立場に立っている金子みすゞの深い心を知る。

6　展開

学習活動	教師の働きかけ・予想される児童の反応	指導上の留意点
・好きな食べ物について話し合う。	Ⓣ好きな食べ物について話してください。 Ⓒ肉 Ⓒカレー Ⓒくだもの Ⓒしゃぶしゃぶ Ⓒさしみ Ⓣ食材は何ですか。 Ⓒ牛肉 Ⓒ豚肉 Ⓒ野菜 Ⓣそういうものを食べた時、どんな気持ちになりますか。 Ⓒ幸せな気持ち	

・『大漁』の詩を読む。

・祭りの場面のイメージを話し合う。

Ⓒもっと食べたい。

Ⓒ楽しい気持ち

Ⓣ『大漁』の詩を読んでみましょう。

Ⓒ読む。

Ⓣこの詩は好きですか、嫌いですか。

Ⓒ好き。

Ⓒ嫌い。

Ⓣなぜ好きですか。

Ⓒオオバイワシの気持ちになっているから。

Ⓒやさしい気持ちが出ている詩だから。

Ⓣどうして嫌いですか。

Ⓒ葬式のことが出ていて、暗いから。

Ⓣ全然ちがった意見が出てきました。一つは、やさしい気持ちになるからというのと、葬式のことが出てきて暗いという意見です。この二つの場面について、イメージを話してください。

・模造紙に書いた詩。

・とむらいの場面のイメージを話し合う。

Ⓒ祭りの方は、はっぴを着た子どもたちが、おみこしを担いでいる。

Ⓒお店で、綿菓子を買っている。

Ⓒ明るい感じがする。

Ⓒおとなは、ご馳走を食べている。

Ⓒお小遣いをもらって何を買おうかなとあちこち店を見ている。

Ⓒ海の底だけど、みんな暗い顔をしている。

Ⓒ私のお父さんが、網にかかって連れて行かれてしまったと嘆いている。

Ⓒうちの赤ちゃんが人間の食べ物になってしまったと泣いている。

Ⓒ私のことだけど、おばあちゃんが亡くなった時、みんな泣いていたから、私も泣いてしまった。

Ⓒぼくの親戚のうちのことだけど、おじさんがまだ若いのに亡くなってしまった時、従兄弟がかわいそ

・みすゞさんの気持ちを想像し、人柄について話し合う。

うで泣いてしまった。

Ⓒ一人でも亡くなったら大変なのに、「何万の」って書いてあるから、どんなに悲しくて、暗い気持ちになるか想像できないほどです。

Ⓣ金子みすゞさんはこれを書いた時、何処にいたのでしょう。人間なので、祭りに参加して楽しんでいるのでしょうか。

Ⓒ楽しんでいない。いわしの気持ちになっているから、楽しんでいない。

Ⓒ悲しんでいると思う。

Ⓒ浜は、祭りのようだけど、と想像しているので、ここにはいないと思う。

Ⓒみすゞさんの心は、大ばいわしのとむらいの方に行っている。

Ⓒいわしたちが、かわいそうだなという心で、海の底のことを思いやっている。

Ⓒみすゞさんは、人間以外のものも憐れみの気持ちを持って見ている。

Ⓒぼくたちが、おいしいな、とか、もっと食べたいと思って、喜んでいることも、魚や他の動物たちの悲しみの上にあるんだということを教えてくれているみたい。

Ⓒ私たちがおいしいな、とか、お金が入ってくる、と楽しく思っているけれども、反対の立場から考えられる人だと思う。

Ⓒ食べられる立場の魚のことを考えることができる人だと思う。

Ⓒ金子みすゞさんっていう人は、なんか不思議な人っていう感じがする。だって、普通、人間は、自分のことしか考えないけれども、この人は、魚の気持ちになっている。

Ⓣ対照的な二つの場面の感じを出したりみすゞさんの

・読む。	心を表現して読んでみましょう。 Ⓒ読む。	

7 指導の実際

Ⓣ好きな食べ物について話してください。
Ⓒおすし。
Ⓒえび。
Ⓒハンバーグ。
Ⓒ肉。
Ⓒカレー。
Ⓒくだもの。
Ⓒしゃぶしゃぶ。
Ⓒ食材は何ですか。
Ⓒおすしは、米と刺身とか。
Ⓒサーモン。

Ⓒたまご。

Ⓣハンバーグは？

Ⓒひき肉

Ⓒたまねぎ。

Ⓣコロッケは？

Ⓒじゃがいも、ひきにく、たまねぎ。

Ⓣそういうものを食べた時、どんな気持ちになりますか。

Ⓒ最高。

Ⓒラッキー。

Ⓒグッド。

Ⓒやっぱりおいしい。

Ⓒもっと食べたい。

Ⓒ楽しい気持ち

Ⓣ（『大漁』の詩を提示）この詩を知っている人。

Ⓒ（多数）ハーイ。

Ⓣこの詩を読んでみましょう。

Ⓒ読む。

Ⓣこの詩は好きですか、嫌いですか。

Ⓒ好き……四人。

Ⓒ嫌い……〇人。

Ⓒ嫌いとはいえない。中間。

Ⓒどちらともいえない（多数）

Ⓒ楽しい。

Ⓣ誰かに読んでもらいましょう。

Ⓒ（二名。読む）

Ⓣわからない言葉がありますか。

Ⓒ「大《おお》羽鰮《ばいわし》」っていうのがわからない。

Ⓣマイワシの大きいもの。出世魚といって、小さい時と中ぐらいの時と、大きくなってからの名前がちがう魚のことです。三・五センチ以下のものを、マシラスあるいはカエリといいます。三・五センチから一〇センチのものを小羽イワシ、一〇センチから一八センチのものを中羽イワシ、一八センチ以上のものは、何というでしょう。

Ⓒオオバイワシ。

Ⓒ「とむらい」がわからない。

Ⓒお葬式のこと。

Ⓣもう一度読んでもらいます。目をつむって聞いてください。どんな景色や音や様子などが目に浮かんでくるか、話してください。一つの言葉からでも、全体からでも、一部分だけからでもいいです。

Ⓒ（一名。読む）

Ⓒ「浜は祭りのようだけど」から、人がいっぱいいる。

Ⓒオオバイイワシが、何万匹も海の底にいる。

Ⓒオオバイイワシが網に何万匹もかかっている。

Ⓒイワシが海の中にいっぱいいるっていう感じ。

Ⓒ「何万の鰮のとむらい」から、まだ海の中には、イワシがいっぱいいる。

Ⓒ「浜は祭りのようだけど」から、人がたくさんいて賑やか。花火もやっている。

Ⓒ踊りとかもやっている。

Ⓒ大勢の人がパーティをやっている。イカなんかを食べている。

Ⓒ大勢の人が騒いでいる。

Ⓒ漁師が漁師鍋でご馳走を作って、食べたりお酒を飲んだりしている。

Ⓒ太鼓の音も聞こえている。

Ⓒお酒を飲んだり、ご馳走を食べたりしている。いいにおいもしている。

Ⓣ後半の方はどうですか。

Ⓒ「海のなかでは」。浜は賑やかだけど、海の中ではその正反対で淋しい雰囲気。

Ⓒ浜は賑やかだけど、海の中では浜と正反対で暗くてシーンとしている。

Ⓣ自分の体験で、このような時にはこうだった、ということを言ってください。私の体験を言いますと、真鶴でブリが大漁だったことを話します。どのくらい捕れたかというと、ブリを山ほど積んだトラックが、街中をひきもきらずに通ったことがありました。その時は、お金がたくさん入ってきて、みんなおいしいものをたくさん食べたり、いい洋服なんかをたくさん買いましたね。

Ⓒお葬式のことなんだけど、お父さんの友だちが亡くなったとき、来た人がみんな泣いていた。

Ⓒおじいちゃんが心臓病で死んじゃって、ぼくは小さかったのでよくわからなかったんだけど、みんな泣いてたのだけは覚えている。

Ⓒ家族じゃないんだけど、四年生の時、お友だちのお父さんが死んじゃって、子どもたちやみんな泣いちゃってかわいそうだった。

Ⓒおじいちゃんは、七〇歳だったけど、病院へ行ったんだけど、おじいちゃんを囲んでみんな泣いていた。

Ⓒぼくが二年生の時、おばあちゃんが死んじゃって、葬式の時は悲しくって、もっと大事にしてあげればよかったって思いました。

Ⓒ私は今まで三回も体験しました。そのうち、おばあちゃんが死んじゃった時が一番記憶に残っている。とても可愛がってくれたので、悲しかった。

Ⓒおばあちゃんの弟が亡くなった時、私は小さくてあまり覚えていないんだけど、とっても静かだったのが思い出される。

Ⓒおじいちゃんが病気で死んじゃって、葬式の時みんなが泣いていた。もっと優しくしてやればよかった。

Ⓒ従兄弟の曾《ひい》おじいちゃんが亡くなった時、従兄弟が甘えていたのがすごくかわいそうだった。

Ⓣこの詩の中で、「浜は祭りのようだけど」と書いてありますが、この時みすゞさんは、みんなと一緒にお祭りに行っていたのでしょうか。

Ⓒ行っていないと思う。どうしてかというと、「浜は祭りのようだけど」と言っているから。「…よう」というのは、想像のことだから。

Ⓒ別のところで、賑やかな様子を察している。

Ⓣどうして行かないのでしょう。

Ⓒそれは、オオバイワシのことを思っているから。

Ⓒ海の底のオオバイワシのお葬式のことを思っているから。

Ⓒオオバイワシの家族のことを思いやっている。

Ⓒ捕まってしまったオオバイワシたちの家族の悲しみを思いやっている。

Ⓣ金子みすゞさんについて思ったことを言ってください。

Ⓒ他の人とちがったものに目を向けている。たとえば、普通の人は、自分がおいしかったことや、お金が儲かることを考えている。

Ⓒ食べられる方のイワシのことが考えられる人。

Ⓒ普通の人が思いつかないような、人の心の中のことまで書いたりしている。

Ⓒ人の見えないものまで見えている人。

Ⓒ私たちが昼間見えていない星まで見えている人。

Ⓒ動物も自然も人間と同じように大切にしている人だと思う。

Ⓒ自然のことを思ったり、皆のことに気づいたりする人。

Ⓒ人間とかじゃなくて、人間以外のものも大切にする人。

Ⓒ人間の心だけじゃなくて、魚や動物の心まで気がついたりして、すごいな。

Ⓒ人間とかの心じゃなくて、私たちが嬉しいことは、他の動物たちの悲しいことにつながっているということを教えているみたい。

Ⓣでは、この詩について、今は、どう考えているかを聞いてみたいと思います。

好きな人……二八名。

嫌いな人……一名。

好きでも嫌いでもない人……一名。

Ⓣ好きになった人が増えましたね。終わります。

[板書]

みすゞさんはどこに？

○人間の祭りには行っていない。

［ようだけど］は、行っていないしょうこ

どこに？

○心は、海のそこのいわしのところ。

みすゞさんはどんな人？
○ふしぎな人
○魚の気持ちになれる人
○はんたいのたちばから考えられる人

8　指導後の反省

1　子どもたちにとって、自分が喜んで食べている食べ物（寿司・ハンバーグなど）のもとになっている魚や、その他の生き物の悲しみに思いをはせるという経験は、初めてのことだった。そして、大きなショックだったようだ。たとえこの詩を自分で読んで知っていたとしても、この授業を受けなければそこまで深く読み取っていなかったという。

2　教師にとっても、よい詩の持っている人間的教育効果というものが如何に大きく大切かを痛感する体験であった。

3 大部分の児童は、この授業を通して詩人の心を理解してくれたようだ。

4 とはいっても、「そういうふうに考える金子みすゞさんは、すごい人」までは、理解するのだが、もう一歩深まらない嫌いがあった。そこで、それぞれの体験を語らせた。結果はよかったと思う。なぜなら、「鰮」の悲しみが、単に、言葉だけでなく、実体験によって、実感できたと思われる発言や態度が見えたからである。

5 「とむらい」という言葉をもっと丁寧に扱えばよかった。日本語のよさを感じさせるには、絶好の機会だったのに残念である。

これからは、子どもたちが自分自身でよい詩に出会うことを祈りたい。

小田原市の小学校で先生をしている二宮龍也さんが、神奈川県児童文化研究会を仲間と一緒に立ち上げたのは、20年前でした。主旨は、「スポーツなどで活躍する子どもたちを応援する団体はたくさんある。しかし文化の面では少ない。私たちは、そういう面で応援していこう」というようなことだったと聞いています。

いろいろな活動をしている中に、「子どもの詩の展覧会」というのが入っていて、これは、神奈川県の全小学校の子どもたちから詩を募集し、よい作品を褒める仕事なのです。その審査員に、矢崎節夫先生がいらして、金子みすゞさんの『大漁』という詩を熱っぽく語られました。それまで私は、金子みすゞさんについて名前は知っていたのですが、作品は全然知りませんでした。それからの私は、みすゞファンになってしまいました。

自分で読むだけではもったいなくて、子どもたちにも是非読んでもらおうと思い、あちこちの小学校で子どもたちに授業をさせてもらったのです。この『大漁』は、八から九クラスぐらいの子どもたちと勉強したと思います。どこのクラスでもみんな一生懸命学んでくれ、みすゞさんの心の深さに感動したという感想をたくさん寄せてくれました。

日本中の子どもたちが、みすゞさんに出会って欲しいというのが私の願いです。

第4章

私たちの「命」は、たくさんの他の「命」によって支えられていることに気づき、「命」の大切さを知る

――国語科学習指導案　対象3年生――

1　教材名『お魚』

お魚

海の魚はかわいそう。

お米は人につくられる、
牛は牧場《まきば》で飼《か》われてる、
鯉《こい》もお池で麩《ふ》を貰《もら》う。

けれども海のお魚は、
なんにも世話にならないし
いたずら一つしないのに
こうして私《わたし》に食べられる。

ほんとに魚はかわいそう。

『金子みすゞ全集・I』JURA出版局
＊旧字旧仮名を新字新仮名になおしました。

2 教材について

この『お魚』の詩は、「海の魚はかわいそう」で始まる。次には、米、牛、鯉などが登場するが、人間の世話になっていると言っている。しかし海の魚は、「なんにも世話にならないし」「いたずら一つしない」のに、人に食べられてしまうというのだ。そして最後にまた「ほんとに魚はかわいそう」なのだ。「かわいそう」ではなく、「ほんとに魚はかわいそう」なのである。この短い詩の中で二度も「かわいそう」と言っている。その真意は何だろうか。

「かわいそう」という言葉に含まれている意味はとても深い。みすゞさんにとって人も魚も同じ命を持ったものなのである。一方は、自分の命を養うために食べ、一方は、命を食べられるのである。人間は、魚の命をいただいているのである。そして、その命のおかげで、人間は生きているのだ。いや、生かされているのだ。「かわいそう」は、命を食べられる魚に向けられていると同時に、他の命を食べなければ生きていけない人間の悲しみをも表現したともいえるのではないだろうか。

その深い心は、みすゞさんのすべての詩に現れている。『私と小鳥と鈴と』では、人間と小鳥と鈴（鉱物）を同等に見ている。鉱物までも同等に見ているのである。そして、『大漁』の詩では、海の底で、イワシのとむらいをやっているというのである。

この詩に使われている言葉は、平易な言葉だけである。ただ、現代の子どもにはあまり馴染みのない、「麩」「牧場」というような言葉が使われてはいるが、それとても「ああ、あれ？」とすぐわかるようなものである。

言葉は平易だが、詩の内容は深い。この教材のキーワードは、「命」ということである。

3　指導について

まず、何回も読ませて、わからない言葉を調べる。そして、感想を語らせる。「魚は、私たち人間に何も世話を受けていないのに食べられて、かわいそう」という魚に同情した感想が出るであろう。そこで、「命があったらどんな楽しいことがあるのでしょう」と想像させる。これは、いろいろな意見が出てくるであろう。水泳を習っている子どもは、水の中でどんなに気持ちがよく楽しく泳いだかを思い出して語るであろうし、家族との団欒を思い出して、その楽しさを話す子どももいるだろう。それがみんな断たれてしまう悲しみを想像し、魚に同情するであろう。

そんな魚の犠牲の上に私たちの「命」が保たれ成長が成り立っているとしたら、自分たちはどうしたらいいのだろうということにも話を広げたい。

話し合うばかりでなく、視覚的な面でも工夫をしていく。現代の子どもは、絵や映像の力によって理解をすることが多いからである。ここでは、絵などを使ってみる。幼児の絵と逞しい青年の絵を並べて、その成長に魚たちがかかわっているということを覚らせるなどというのはどうだろうか。

みすゞさんの心を少しでも感じてもらいたい、という思いを込めて、指導していきたい。

4 目標 (2時間扱い)

『お魚』という詩を読み、私たちは、魚の命をもらって生かしてもらっているのではないかということに気づく。

5 展開

学習活動	教師の働きかけと予想される児童の反応	備考
・詩を読む。 ・気がついたこと、感想などを発表する。	Ⓣ『お魚』という金子みすゞさんの詩を読んでみます。 Ⓣ読む。 Ⓣこの詩は、好きですか。嫌いですか。 　Ⓒ好き。 　Ⓒ嫌い。 Ⓣ詩の勉強は、感想や見えてきたものや疑問や作者のことなど何を言ってもいいのです。 Ⓒ暗い詩だから、嫌い。 Ⓒ「麩《ふ》」っていうのがわからない。 Ⓒお味噌汁なんかに入れて食べるとおいしい。 Ⓒ細長いパンみたいなもので、切って入れる。 Ⓒ「牧場《まきば》」っていうのがわからない。 Ⓒ「まきば」っていうのは、「ぼくじょう」のこと。	・いろいろな麩を提示

広い野原があって、牛や馬を飼っている。

Ⓒお米は田んぼで作られるって書いてある。

Ⓒ牛は牧場で飼われているって書いてある。

Ⓒ鯉は麩をもらっているって書いてある。

Ⓒお米も牛も鯉もみんな人が世話をしているのに、海の魚は誰も世話をしていない。

Ⓒ人が、世話をしたわけでもないし、いたずらもしないのに、私のために命がとられるのだから、かわいそうって言っている。

Ⓒ魚がかわいそうって言っている。

Ⓒ私たちが、魚の命をもらっている。

Ⓒ海の魚だけは、人が世話をしていないのに、食べられてしまうから、「ほんとにかわいそう」って、「ほんとに」をつけている。

Ⓒ私たちに命をとられてしまう。

Ⓣ命をとられてしまうってことは、どういうことで

・生きているこ

との楽しさを語り合う。 ・魚に命をもらった子どもはどうなるか、話し合う。	すか。 Ⓒ海の底で、仲間と楽しく遊ぶこともできなくなる。 Ⓒ家族と一緒に泳ぐこともできなくなる。 Ⓒ海の中のきれいなものも見られなくなってしまう。 Ⓒ海の中で泳ぐと気持ちがいいけど、それができなくなる。 Ⓒスピードを出して泳ぐと気持ちがいい。でもそれができなくなる。 Ⓣ魚の命をもらって、私たち人間は、どうなっていくのでしょう。 Ⓒ大きくなる。 Ⓒ元気になる。 Ⓒ筋肉や骨が丈夫になる。 Ⓒスポーツができるようになる。	・幼児と中高生の絵を黒板に貼付

・感想を書く。	Ⓣこれから私たちは、どうしたらいいのでしょう。 Ⓒ自分の命を大切にする。 Ⓒ生かしてもらったいろいろなものに感謝する。 Ⓒ人間は、いろいろな生き物に生かしてもらっているんだと思って、ありがとうとか、ごちそうさまって言いたい。 Ⓒ今までは、「ごちそうさま」はお父さんやお母さんや給食の先生にだけ言っていたけど、生き物全部に言う。 Ⓒ命を粗末にしてはいけない。食べ物を無駄にしてはいけないと思う。 Ⓒ勉強の感想を書いてください。 Ⓒ(感想を書く)

6　指導の実際

Ⓣ金子みすゞさんの『お魚』という詩を読みましょう。はじめは私が読みます。（読む）

Ⓣこの詩は好きですか嫌いですか。

Ⓒ好き……二三名。嫌い……三名。好きでも嫌いでもない……五名。

Ⓣ自分で読んでみてください。あとで感想や、金子みすゞさんのことや、好きなわけ、嫌いなわけなども言ってもらいます。

Ⓒ質問　麩って何ですか。

Ⓒ質問　牧場って何ですか。

Ⓒ質問「こうして私に食べられる」ってどういうことですか。

Ⓒ質問　みすゞさんは、女の人ですか。

Ⓣ女の人です。

Ⓣ質問に答えてください。

Ⓒ麩っていうのは、丸い長いパンみたいなもので、味噌汁に入れるとおいしい。

Ⓒ池にいる鯉にあげると喜ぶ。

Ⓒ茶色の麩もある。

Ⓒやわらかくって、ふわふわしていて、味噌汁の中に入れて食べるとおいしい。

Ⓣ（麩を提示）麩の味噌汁飲んだことある？

Ⓒあっ、知ってる。食べたことある。

Ⓒあるある。

Ⓒ「まきば」っていうのは、「ぼくじょう」のことです。

Ⓒ広い原っぱがあって、そこに馬がいて、草を食べていた。

Ⓒ牛がいるところもあります。

Ⓒ草が生えてて、柵があって、牛がいた。

Ⓒ緑がいっぱいで、牛がいて、お乳を搾れる。

Ⓒ「こうして私に食べられる」っていうのは、今、お魚を食べていること。

Ⓣ感想などをいってください。

Ⓒ魚はかわいそうです。……六名。

Ⓒ魚は、悪いことを一つもしないのに食べられてかわいそう。

Ⓒ海の魚に餌をやらないのに、こうして私に食べられるからかわいそう。

Ⓒはじめは、かわいそうだけれど、おわりに「ほんとに」って書いてあるから、すごくかわいそうって感じがする。

Ⓒ魚は、人間に環境を悪くされて、海の中が住みにくくてかわいそう。

Ⓒ人間は、魚を食べなきゃ死んじゃうから、魚の命をもらって生きている。

Ⓒ鯉は、人間が餌をやっている。

Ⓒ池の中で、のびのび泳いでる。

Ⓒ牛も牧場で、人間に世話をされている。

Ⓒお米も人間に世話をされている。

Ⓒ田植えをしたり、稲刈りをしたりして世話をしている。

Ⓒそれは、田んぼ。

Ⓒ山梨で見た。

Ⓒ米は、手作業のところもあるし、機械を使うところもある。手作業の方がおいしいんだよ。

Ⓒ手作業は汚れるけど、田んぼの生き物が、たくさんいるのが見える。

Ⓒ実ると鳥に食べられちゃうから案山子《かかし》を作って追い払う。人の手がかかっている。

Ⓒ魚は、人の世話にならないのに食べられるから、普通よりかわいそう。

Ⓒ魚は海の中で、自分たちで餌を取って食べている。

Ⓣ人間はこうした生き物を食べて生きているのですね。

Ⓒ牛は、牛乳をくれたり肉をくれたりする。

Ⓒ自分が魚だったらいやだな。
Ⓒ人が命をもらっている。
Ⓒ人は、生き物から命をもらっている。
Ⓒ生きているものは、みんな人に命をあげている。
Ⓣ人に命をくれなければ、魚は海の底でどうしているでしょう。
Ⓒみんなで暮らせる。
Ⓒ気持ちよく泳げる。
Ⓒ仲間と楽しく遊ぶ。
Ⓒ家族と一緒にいられる。
Ⓒ大人になれば、卵を産んでまた家族を増やせる。
Ⓒ生きていける。
Ⓒ魚以外のいろんな生き物と遊べる。
Ⓒ友だちと遊べる。
Ⓒ海の中のきれいな景色が見られる。
Ⓒ平和。
Ⓒのんびりくつろいでいる。

［板書］

海の魚はかわいそう。

人のせわをうけている。
お米　人につくられる。
牛　まき場でかわれてる
こい　ふをもらう。

人のせわをうけていない
海のお魚　世話にならない。
いたずら一つしない。

こうしてわたしにたべられる
（食卓の絵　皿にのっている魚を子どもが食べている絵）

ほんとに魚はかわいそう。

Ⓣ命をいただいたお陰で、こんなに小さかった子どもがこんなに大きくなりました。

（幼児と少年の絵を見せる）

Ⓒ筋肉がつく。
Ⓒ骨が丈夫になる。
Ⓒ背が大きくなる。
Ⓒ病気をしなくなる。

Ⓣ金子みすゞさんについて思ったことを言ってください。

Ⓒみすゞさんは、人間以外の生き物を自分の仲間だと思っています。　三名

Ⓒみすゞさんは、とっても優しい人。

Ⓒみすゞさんは魚のことを心配している。

Ⓒ人間以外の生き物の心配をしています。

Ⓣこの詩でも、魚のことでも、金子みすゞさんのことでも何でもいいですから、感想を書いてください。

6　子どもたちの感想

●海の魚はかわいそう　一五名

・「こうして私に食べられる」というところがかわいそう。（一名）

・魚は、生きているときうれしいんだけど、人間に食べられてしまう。（二名）

・魚は一緒うけんめい生きているのに人間に、食べられてしまう。（一名）

・命をくれるということは、どれだけたいへんなことかわかった。（一名）

●生き物は、私たちをそだててくれる。　二名

●命をくれたものや、ごはんを作ってくれた人に感謝する。 五名
・食べ物を残さないようにする。 （一名）
・まずいといって残さない。 （一名）
・「いただきます」「ごちそうさま」は今まで、お父さんやお母さんに言ってたけど、これから、生き物全部に言う。 （一名）

●わたしたちは、魚たちよりえらいわけでもないのに、いろいろな生き物を住みにくくしている、住みよい環境を作ることを考えたい。 二名

●金子みすゞさんのこと 五名
・金子みすゞさんは魚のことを思ってて、とてもいい人だと思う。 （一名）
・金子みすゞさんは、食べられている生き物に感謝していて、いい人だと思います。 （一名）
・金子みすゞさんは、優しい人です。 （一名）
・金子みすゞさんは、人間だけじゃなくて、ほかの生き物のことを心配しているから、ほんとに優しい人だと思いました。 （一名）

・金子みすゞさんは、生き物のなかまみたいだなと思いました。なぜかというと、魚のことをいっぱい思っているからです。（一名）

●この詩はいい詩です。一名

7 指導後の反省

1 みすゞさんという人は、どういう人だろう。子どもたちは、すぐに、みすゞさんの心に到達するのである。この学級の子どもたち三一人は、一人もみすゞさんのことを知らなかった。にもかかわらず、授業の途中で子どもたちの何人もが、「みすゞさんは、生き物を自分の仲間と思っている」というような発言をしたのである。子どもたちの遠い父祖が、「お天道様を拝む」とか、「魚供養をする」と言っていたような敬虔な心が、みすゞさんの詩によって蘇ったのではないだろうかとさえ思ってしまった。

2 キーワードの「命」については、何人もの子どもたちが発言した。そこで、「もし命があれば、こんなに楽しいのだ」ということを考えさせた。単に「言葉」だけの問題で終わらせたくなかったからである。

3 一読して、大半の子どもたちが、「魚がかわいそう」と感想を言った。子どもという

4 のは、純粋な心で、そのまま受け取るのだなと思った。
感想文では、ほとんどの子どもが、「食べ物さんありがとうございます」とか、「感謝していただく」とか、「いただきます」とか書いていた。『お魚』の詩の心が伝わったのだな、と、とても嬉しかった。

　今までは、お父さんお母さんに「いただきます」と言っていたけれども、これからは、いろんな生き物全部に言うと書いていた子どもがいた。命の大切さを知り、それを言葉に出そうと思ってくれたことは、何よりの喜びである。

5 私はここで、「海の魚はかわいそう」「ほんとに魚はかわいそう」の「ほんとに」という言葉に着目して欲しいと思った。それが子どもから出てきたのは、言葉に対する感性が豊かであったと言うことができる。

6 みすゞさんの詩は、もっともっと大勢の子どもたちに読んでもらうべきだと思った。

7 学校では最近、環境教育や食育の授業を行っている。それが、この授業の発言にも現れている箇所がいくつか見られた。小さい子どもへの教育の影響がとても大きいと感じている。

8 幼児と青年の絵は、効果的であった。その絵から、命をもらった結果こんなにも成長したということを想像した子どもがたくさんいたからである。

9　とっても活発な授業であったと言える。どの子どもも真剣に考え、想像し、それを発表した。

まず言えることは、教材の内容のよさであったと思う。（内容は深いのに、言葉がわかりやすいこと、リズミカルであることなど）

次は、学級の雰囲気が、温かかったこと（お互いのよさを認め合うクラス）で教師にも友だちにも気兼ねなく自由に話ができたということがある。

「詩の勉強の時は、どんな意見にも感想にも間違いはありません」と言って発言に対する不安を取り除くようにし、それを裏付けるために、子どもの発言の真意をじゅうぶんくみ取るようにし、なるべく褒めるように心がけている。それも発言が活発になった要因であろうと思われる。

※子どもたちの発言は順不同であったので、それを教師が板書で区分けをしていった。学習の記録も、ある程度発言の内容によってまとめてある。

子どもたちの給食の人気メニューは、長い間カレーだった。この間、給食リクエストをとったら、一番人気は肉、しかもステーキだった。子どもたちの食べ物に対する気持ちは、年々贅沢になっているということを強く思う。

その食べ物は、自分の体を作ってくれる大切なもの、それを得るために家族は働いている、ということまでは、わかっているようである。だから、「いただきます」というのは、父や母に対して言っている子どもが多い。

その肉は牛や豚の命をもらっている、ということまで考えて「いただきます」といっている子どもは皆無である。自分が小さな赤ちゃんだったのが、こんなに成長し、いろいろなことができるようになったのは、いろいろな生き物の命をもらったお蔭なのであるということを認識している子どもは、わずかしかいない。

このことを認識することは、人としてとっても大切なことである。地球上の命あるものの「命」をいただいて人間は生かされている。だから、私は、自分の命も友だちの命も大切にしなければならない。そうでなければ、自分が食べたたくさんの「命」に申し訳が立たない、という気持ちを持って生きていって欲しい。それが、親や教師の願いではないだろうか。

『お魚』の詩は、この大事なことを教えてくれる。こうして私が食べている魚は、人間に「なんにも世話に」ならず、「いたずら一つしない」のに、「わたしに食べられる」とやさしい口調で言う中に、「海の魚はかわいそう」「ほんとに魚はかわいそう」と重ねていっている。本当に心から「かわいそう」と思っているのだろう。この言葉から、みすゞさんの心がくみ取れる。

私は、このみすゞさんの「心」を三年生の子どもたちにわかってもらいたいと思い、この授業を行うことにした。「いただきます」は、食べ物をくれた命に対しても言う子どもになって欲しいという願いで行った授業である。

金子みすゞの生地仙崎。手前は仙崎湾。

第5章

自分の言葉は、「こだま」とちがって、心が相手に伝わることを知り、相手もまたその心を返してくることを知る

——国語科学習指導案　対象4年生——

1　教材名『こだまでしょうか』

「遊《あす》ぼう」っていうと
「遊ぼう」っていう。

「馬鹿《ばか》」っていうと
「馬鹿」っていう。

こだまでしょうか

「もう遊ばない」っていうと
「遊ばない」っていう。

そうして、あとで
さみしくなって、

「ごめんね」っていうと
「ごめんね」っていう。

こだまでしょうか、
いいえ、誰《だれ》でも。

『金子みすゞ全集・Ⅲ』JURA出版局
＊旧字旧仮名を新字新仮名になおしました。

2 教材について

私は、詩を教えるということは、感性を育てることだと思っている。人間や自然や物や言葉に対する感性である。たとえば、ここにパンがあったとする。そのパンに対して、子どもたちは、いろいろなイメージを抱いているだろう。そのイメージは、五感から来たもの、過去の経験から来たもの、家族の言動から来たものなど様々である。そして詩人は、パンに対して詩人なりの感性でパンを詠うであろう。それを読んで子どもたちは、自分の感性で読み取り、自分が感じてきたものと比較したり、それにつけ加えたりする。

感性を育てることは、とても大切なことである。崇高なものに対して、善悪に対して、弱者に対して、自然に対してどんなイメージを持つかは、感性の問題である。詩は、子どもたちの今まで持っていた感性を覆したり、共感したり、つけ加えたりする力を持っている。

金子みすゞの詩は、どれもみな子どもたちの感性を育てるのに適切であると考えている。たとえば、『大漁』の詩は、人間の立場ではなく、海の底のイワシの側に立って書かれている詩である。子どもたちは、自分以外の人の立場でものを考えるということは少ないと思う。まして人間以外の立場に立っている人がいるなどということは、想像したこともないにちがいない。しかし、この詩に触れることによって、イワシに対して、いや、自分以外の生き物に対して子どもたちの感性は触発され、より広くより深くなるだろう。

この『こだまでしょうか』の詩は、人間は、「こだま」ではないという詩である。「遊ぼう」といえば「遊ぼう」と返ってくるところは、人間もこだまも同じだけれど、人間の方は、感謝の気持ちや怒りの気持ちなど、気持ちも自分に返ってくるというのである。

この詩は、難しい言葉も使っていないし、心を動かすような事柄も描いていないし、華麗な景色も見えてこない。一読しただけですぐわかってしまいそうだ。なかには、退屈に思う子どももいるだろう。だから子どもたちの反応としては、「遊ぼう」って言うと「遊ぼう」って言う、そしてけんかして、「馬鹿」って言ったら「馬鹿」って言う、でもさみしくなって、「ごめんね」って言ったら「ごめんね」って言う、「仲良くなってよかった」と言うようなことが予想される。

しかしこの詩は、人間の気持ちとか、心とかを言いたいのだろう。「言葉には、心がある」ということを表しているのではないか。

子どもたちは、言葉の海の中にいると言っても過言ではないだろう。駄洒落、コマーシャル、テレビ、家族の言葉、教師の言葉、友だちの言葉などなど。そういう言葉に囲まれている子どもたちに、この詩は、言葉の本質を教えてくれているのではないだろうか。言葉は、単に用事を伝える道具に過ぎないと考えがちな子どもたちに対して、（人間に対して）言葉は、人との関係で成り立っているということや、自分が言う言葉は他の人の心を通して自分に返ってくるということを教えてくれているのではないだろうか。「こだま」と人間の言葉とのちがいはここである、ということを教えてくれている詩であると思う。

では、この詩の表現上の特徴を見てみよう。

はじめは題で、疑問文である。次からは、子どもの他愛のない喧嘩で、友だちの言葉をなぞって言っているだけである。そして、次に、「もう遊ばない」「遊ばない」と「もう」が付いているかいないかのちがったやり取りになる。それまではずっと同じ言葉のやりとりだったのが、三番目に「もう遊ばない」に対して「遊ばない」と返している。ここで、これが人間の言葉だということがわかるようになっている。こだまとは言葉がちがっているということを示唆しているのである。「あとでさみしくなって」「ごめんね」と言うと、「ごめんね」と返ってくる。この言葉が、言葉の大切さのヒントになっていると思われる。題は「こだまでしょうか」である。疑問を呈している。そして、最後に否定的な回答「いいえ、誰でも」で終っている。つまり、「こだま」と人の言葉がちがっていることを、題と最後の一行で表現しているのである。

全体に、小さな子どもにもわかるようなやさしい言葉で淡々と述べられている。しかし、子細に見ていくといろいろなことがわかってくる。この一見やさしい詩の中に込められた深い内容を、子どもたちに理解してもらえるヒントが見えてくるのではないだろうか。

3　児童と指導について

今の子どもにとっての関心事は、「おしゃれ」だろうか。つまり、「素敵な物」である。

「かっこう悪い」というものに対しては辛辣な評価をする。また、感情を露骨に表す。たとえば、嫉妬の感情を恥ずかしいものとも思わず、それを言葉にしてぶつけることを何とも思わない。聞いた他人がどう思うだろうか、等ということは考えない。他人の立場に立って物を考えることは少なくなっている。

この『こだまでしょうか』の詩を学ばせた場合、「意地悪なことを言ったら、意地悪な言葉が返ってくる」というような、皮相な答えをクラスの大多数の子どもは言うだろう。しかし、一部ではあるが、言葉は「こころ」というものを伴っているらしいと感じる子どももいる。そして、大部分の子どもたちは純粋だから、そういうことを受け入れる下地は持っている。その子どもたちに、みすゞさんの心を垣間見せてやりたい。この詩を読んで、言葉には心が入っているということを感じてもらい、言葉に対する感性を磨いてほしい。

4 指導について

まず、読ませてみる。やさしい言葉が連ねてある。一読すればわかるだろう。その後、この詩について好きか嫌いかを問う。子どもの直感は鋭く、今の心を映し出した答えが返ってくる。こんな詩は「嫌い」という子どもは、もっと美しい言葉が並んでいる詩が好きなのかもしれない。これらの直感を大事に扱いたい。だから次に、わからない言葉、好きな理由、嫌いな理由、詩を読んで感じたことなどを自由に話させる。

「この詩は、遊ぼうって言うと遊ぼうって言うし、馬鹿って言うと馬鹿って言う。でも、後でさみしくなって、ごめんねって言うとごめんねって言って、仲良くなってよかった」という子どもが大多数で、「だからこの詩は好き」という子どももいるだろう。

そういう子どもたちに対して、もう一歩踏み込んで考えさせたい。

それにはどうしたらいいだろう。ここは言葉から踏み込むのが妥当だろう。自由に話させるうちに、「こだま」、題の「こだまでしょうか」、その答え「いいえ　誰でも」、などの言葉について気づき、もうちょっと深く考える子どもがいれば、そこから学習を進めていく。出てこなかったら、こちらから投げかけていく。子どもたちは、きっと「人間の言葉」の意見を聞いていく。子どもたちは、きっと「人間の言葉」というのは、「こだま」とちがうのだ、ということに気がつくと思う。そして、人間の言葉の大切さに気づいてくれるのではないだろうか。

ここで、私は、子どもたちに「言葉」に対する感性を養ってもらいたいと思う。

4　指導目標

「こだまでしょうか」の詩を読み、言葉の大切さに気づく。

5 展開

学習活動	教師の発問と予想される児童の反応	備考
・「悪口」を言われたことや、言ったことを、発表する。 ・詩を読む。	Ⓣ「悪口」を言われたことや、言ったことを話してください。その時どんな気持ちだったかも話してください。 Ⓒ「ばか」と言ったことがある。それは、相手が「ばか」って言ったので、頭に来て言いかえした。 Ⓒ意地悪をされた時、「いじわる」って言ったら、相手は、「ばか」って言った。 Ⓒ悪口を言われて、悔しかったので言い返した。 Ⓣ悪口を言われた時、どんな気持ちでしたか。 Ⓒ何でそんなことを言われなくちゃならないの。 Ⓒ言った人がにくい。 Ⓣ金子みすゞさんが作った『こだまでしょうか』という詩を読んでみましょう。	

・感想を話す。

Ⓒ読む。
Ⓣこの詩は好きですか。嫌いですか。
Ⓒ好き。
Ⓒ嫌い。
Ⓣ読んでみて、感想や好きなわけや嫌いなわけなどを言ってください。
Ⓒ各自読む。
Ⓣ感想を言ってください。
Ⓒ好き。遊んで、喧嘩して、最後にごめんねで終わるから。
Ⓒ何だか嫌い。
Ⓒ「こだま」って何ですか。
Ⓒ「こだま」って山彦のこと。
Ⓒ山で、「おーい」って言ったら、「おーい」って山彦が答えたよ。
Ⓒやっほー。　やっほー。

・人とこだまのやり取りを演じる。

Ⓒおーい。　おーい。

Ⓣこだまになってやってみましょう。

Ⓒ（役割を決めてやってみる）

Ⓣ題を読んで気がついことはありませんか。

Ⓣ「こだま」のことはわかりましたね。では、『こだまでしょうか』という題のことは何を表していますか。

Ⓒ問題提示だよ。

Ⓒ「でしょうか」だから、聞いている。

Ⓣでは、答えは何でしょうか。

Ⓒ「いいえ」です。最後に「いいえ」って言っているから。

Ⓒ最後に「いいえ」って言っている。その後、「誰でも」って言っているから、人間のこと。こだまではなくて、人間がそうだって言っている。

Ⓒ「いいえ誰でも」って言っているから、誰でも同

・こだまの声と人の言葉のちがいを考える。

じように返すのだと思う。誰でもの方は、会話している。

Ⓒ「誰でも」の方は、人間同士で、相手がいる。

Ⓒ「こだま」は、ただ声が返ってくるだけ。

Ⓒ「こだま」は、山とかトンネルに声がぶつかって返ってくるだけ。

Ⓒ誰でもの方は、人だから気持ちが入っている。

Ⓒ心が入っている。

Ⓒ「ごめんね」に心が入っている。

Ⓒ誰でもの方は、悪かったねっていう心が入っている。

Ⓣこだまと人間のちがいはどういうところにあるのでしょうか。

Ⓒ友だちに「ばか」って言われると心が傷つくけど、こだまだったら傷つかない。

Ⓒこだまははね返すだけ。

・感想を話し合う。

Ⓒ「ばか」って言う気持ちが相手に伝わる。言葉に、気持ちが乗っていく。

Ⓒ人間は、いけなかったと思ったら言い直せる。

Ⓣ詩を読んで、言葉や、詩人の金子みすゞさんのことで感じたことを話してください。

Ⓒ言葉には、心が入っている。

Ⓒ「こだま」は、人が言ったことをそのまま音で表している。だけど、人の言葉には心が入っているから、大事。

Ⓒ人の言葉をいい加減に聞いていることがあったけど、心で聞かなくてはならないと思った。

Ⓒ人を傷つける言葉がある。

Ⓒ人を勇気づける言葉もある。

Ⓒ金子みすゞさんは、言葉の大切さがわかっている。

Ⓒ人の気持ちがわかっている。

6　指導の実際

Ⓣ今まで、悪口を言われたり、言ってしまったことがある人は話してください。

Ⓒぶすって言われた。

Ⓒ馬鹿って言われた。

Ⓒちび。

Ⓒうるせえ。

Ⓒ死ね。

Ⓒうざい。

Ⓒばばぁ。

Ⓒ巨人。

Ⓒけがれるって言われた。言った人のところには、怖くて近寄れない。

Ⓒ馬鹿って言ったことがある。

Ⓒあほって言った。

Ⓒじじい。

Ⓣ言われた人の気持ちはどんなでしたか。

Ⓒちびになりたいわけじゃない。

Ⓒ反対に言い返してやりたい。

Ⓒ言うな。

Ⓒ傷つく。

Ⓒ落ち込む。

Ⓒ無力感。

Ⓒ一生心に傷がつく。

Ⓒ嫌な心が続く。

Ⓒ相手が間違っている。

Ⓣ金子みすゞさんの『こだまでしょうか』という詩を読みましょう。

Ⓒ(各自読む)

Ⓣこの詩は好きですか。嫌いですか。

Ⓒ好き……二〇人。嫌い……三人。好きでも嫌いでもない……八人。

Ⓣもう一度読んで、感想や好き嫌いの理由、わからない言葉など、何でも言ってください。

Ⓒ各自読む。

Ⓒ好きです。誰かがいろいろなことを言うと、同じことを言うところがおもしろい。

Ⓒ私は好きです。最後が「ごめんね」で終わるから。

Ⓒ好きです。こだまって山彦でしょう。

Ⓒ最後のところが疑問。誰でも同じ気持ちになるのかな。

Ⓒ好き。馬鹿って言っても、ごめんねってすぐ仲直りする。

Ⓒ好きです。ごめんねって素直に言うから。

Ⓒ好きです。遊ぼうで始まり、ごめんねで終り。喧嘩はするけど、仲直りできる。

Ⓒ物語みたい。はじめは嬉しい。喧嘩をして、さみしくなり、ごめんねで終わった。

Ⓣ「こだま」って何ですか。

Ⓒ山彦のこと。

Ⓒヤッホーって言うと、ヤッホーって言う。

Ⓒハローって言うと、ハローって言う。

Ⓒごめんねって言うとごめんねって言う。

Ⓣやってもらおうか。

Ⓒやりたい。

Ⓒやりたい。

Ⓒ1　ヤッホー　Ⓒ2　ヤッホー（など掛け合いで何組か言い合う）

Ⓣ「こだま」のことはわかりましたね。では、『こだまでしょうか』という題のことは何

を表していますか。

Ⓒ問題提示だよ。

Ⓒ「でしょうか」だから、聞いている。

Ⓣでは、答えは何でしょうか。

Ⓒ「いいえ」です。最後に「いいえ」って言っているから。

Ⓒ最後に「いいえ」って言っている。その後、「誰でも」って言っているから、人間のこと。こだまではなくて、人間がそうだって言っている。

Ⓒ「いいえ、誰でも」って言っているから、誰でも同じように返すのだと思う。

Ⓒこだまは自分の声が返ってくるだけ。

Ⓒ「ごめんね」は、こだまとは違い相手に言っている。

Ⓒ「ごめんね」は会話している。

Ⓒ人は、「遊ぼう」って言ったら、あいづちで答える。

Ⓒ人の「ごめんね」は、会話をしている。「こだま」と違う。

Ⓒ声のことだけれど、「こだま」はひびいて返ってくる。人の会話はひびかない。

Ⓒこだまは単に自分の声が返ってくるだけ。誰でもというのは、人間は誰でも向こうの人の声に答えている。会話している。

Ⓒ「こだま」は自然相手。「誰でも」は、人の気持が入っている。

Ⓒ「こだま」は一人。「誰でも」の方は二人でやっていると思う。

Ⓒ「こだま」の声は、だんだん弱まってくる。「誰でも」の方は声はその人の声。

Ⓣ各自読んでわかったことや、自分の体験で感じたことなどを言ってください。人にいやな言葉を言われたり言ってしまった時、どんな気持ちになったかも言ってください。

Ⓣ（A・B 二人の子どもの絵と、赤いハートとブルーのハートの絵を準備して、気持ちのいい言葉のときは赤いハートがAの心に生じ、Bの心に移る。嫌な気持ちになったときは、ブルーのハートがAからBへ移る操作を行う）

Ⓒ今まで、平気で「馬鹿」と言ったり、悪口を言っていたけど、みんな自分に返ってくるんだと思いました。

Ⓒ言葉は、心と繋がっているんだと思いました。

Ⓒ「こだま」は、自分の声が返ってくるだけ。「誰でも」の方は、自分の言葉の心が相手に伝わり、返ってくるのだと思う。

Ⓒ「ばか」って言われると心が傷つくけど、こだまは傷つかない。

Ⓒ人間は、悪かったたって思うと言い直しがきく。

Ⓒ人間は、嫌な言葉を言われると気持ちが傷つき、先生に言って助けてもらえる。

Ⓒやまびこには、感情がないけど、人には感情がある。

Ⓣこの勉強の感想を言ってください。わかったこと、わからないこと、みすゞさんのことなど、何でもいいです。

7 子どもたちの感想（延べ）

①「こだま」は自分の声が返ってくるだけだけど、「誰でも」の方は、自分の言葉の心が相手に伝わり、同じように返ってくる。 八人
②はじめに仲良く遊んで、次に馬鹿って言って、さみしくなってごめんねって言った、物語のような詩。好き。 七人
③金子みすゞさんは、いい詩を作っている。 五人
④みんないい意見をたくさん言ったと思う。楽しかった。 四人
⑤嫌いだったけど好きになった。 三人
⑥温かいことばは人の心を温かくする。 一人
⑦言葉と気持ちは、関係している。 一人
⑧金子みすゞさんを尊敬している。 一人
⑨みすゞさんありがとう。生きている言葉を学びました。 一人

8 感想文

K・A　私はこの日まで、一度も言葉のことを考えたことがありませんでした。清水先生がこの勉強を教えてくれなければ、一度も考えなかったかもしれません。言葉一つひとつが大切なんだと思いました。私は、言葉を軽く言っていたので、そう思いました。ありがとうございました。

O・M　この『こだまでしょうか』は、初めて読みました！　とてもいい詩だなと思いました。みすゞさんの『私と小鳥と鈴と』がとても気に入っていたけど、『こだまでしょうか』も気に入りました‼　もっといろんな詩を読んで勉強したいです！　今日はとっても勉強になってよかったです‼

S・M「こだま」は、人が言う言葉を言い返すだけだけど、人と人だと、いやな言葉を言うと、言った人に言い返されるから、いやな気持ちの言い合いになるから、最初から、言わないようにしていた方がいいということがわかりました。なので、人が言われてうれしい言葉を最初から使うと、自分もうれしい言葉を言い返されるから、うれしい気持ちになるんだなーと思いました。今日の学習はやってよかったと思います。あと、言葉の使い方がよくわかりました。

H・T 悪口を言うと悪口が返って来て、いい言葉を言うといい言葉が戻って来ることがわかりました。金子みすゞさんの詩は、言った言葉が戻って来て言い合って、おもしろかった。

N・N「こだま」には、気持ちがつまっていないけれど、人間の会話には気持ちがつまっている。いじわるなことを言うと、相手にその気持ちが伝わって、相手がいやな気持ちになったり、ケンカになったりする。だから気持ちのいい言葉を使って、相手の心も自分の心も気持ちよくしたいです。

H・M 今日の学習で、「こだま（山彦）」と人間の言葉のちがうことがよくわかりました。「こだま」は、人が言ったことをくり返しますが、人間の言葉は、くり返さず、ちがう言葉を言う場合があります。「こだま」は、特に意味もわからず対応しますが、人間は心があるので、その言葉が、いいことかいやなことかをはんだんして返します。

そして、言われた言葉によって、言い返す言葉もちがいます。今日の学習で、言葉のことがよくわかってよかったです。

K・A　この詩を読んで、思いました。どんなにいやなことを言われても、言い返すのをやめようと思います。
自分が傷ついて、また相手を傷つけたら、傷が深くなっていくばかりで、いいことなんかない。こんな言葉は、誰からも絶対言われたくないという言葉は、最初から言わない。こんな言葉を言われたいなという言葉をたくさん言いたいです。

9　指導後の反省

1　言葉によって、子どもたちの多くは、かなり傷ついていたのだと知って驚いた。そして、それらの言葉を言った方は、あまり気にすることなく口にしてきたのだろう。教師は、これまで、その都度注意をして来たのだろうが、この詩によって、言葉には心があるということを今まで以上に知ってくれたと思う。

2　「はじめは、遊ぼうから始まって、喧嘩になってさみしくなって、ごめんねで終わって好きな詩」という意見が多数であった。みすゞさんの詩をあまり読んでいなかった四年生の場合、このまま流れてしまっても仕方がないかな、と思っていた。

3 しかし、題が疑問文であり、答えはいいえであると読みとった途端、次々と意見や感想が出てきた。子どもたちはこれまで、言葉に対していろいろな思いを持っていたのだろう。それが一気に吹き出たような気がする。それは友だちの二番煎じではなく、自分の考えを自分の言葉で発表していたことでもわかる。

4 子どもたちの多くが、「人の言葉は、心とつながっているということ、そして、その心は、相手の心に伝わる」ということを理解してくれたようである。

子どもたちの、友だちに対する言葉はかなり激しいと思う。こんな言葉を言われたら、誰でも傷つくだろうな、と思うような言葉を平気で口にしている。保護者や教師が、それを言っても、説教を言われているような受け取り方をすることや、全然身に沁みて聞いてくれないことが多い。

金子みすゞの詩は、子どもたちの身に沁みていくような気がする。この詩を読むと、言葉は「こだま」と同じように自分に返ってくるけれども、「こだま」とちがって、そこには心が入っているということを子どもたちは、よくわかってくれる。

　この詩を、たくさんの子どもたちに読ませたい、そして、言葉の大切さに気づいてもらいたい。全国の先生に、この詩の授業してもらいたい。これが私の願いです。

女学校時代の金子みすゞ。

第6章

つまらない草といわれている芝草《しば》にも、芝草でなければできない立派な役割があることを知る

――国語科学習指導案　対象6年生――

1　教材名『芝草《しば》』

芝草《しば》

名は芝草というけれど、
その名をよんだことはない。
それはほんとにつまらない、
みじかいくせに、そこら中《じゅう》、
みちの上まではみ出して、

力いっぱいりきんでも、
とても抜《ぬ》けない、つよい草。

げんげは赤《あか》い花が咲《さ》く。
すみれは葉までやさしいよ。
かんざし草はかんざしに、
京びななんかは笛《ふえ》になる。

けれどももしか原っぱが、
そんな草たちばかしなら、
あそびつかれたわたし等《ら》は、
どこへ腰《こし》かけ、どこへ寝《ね》よう。

青い、丈夫《じょうぶ》な、やわらかな、
たのしいねどこよ、芝草よ。

『金子みすゞ全集・Ⅱ』JURA出版局
＊旧字旧仮名を新字新仮名になおしました。

2　教材について

金子みすゞの詩は、『大漁』に代表されるように、他の生き物に代わって、その心を詠む詩が多くある。人間をはるかに越えたものに対する畏敬《いけい》の心を詠《うた》ったものもある。また、『私と小鳥と鈴と』に代表されるような、「みんなちがってみんないい」ことを詠った詩も多数ある。地球上の、人でもその他の生き物でも、いや、物でさえもそれに存在価値を認め、みんなそれぞれの役割を持っているということである。この『芝草』は、「みんなちがってみんないい」詩の仲間に属するのではないか。

みすゞさんは、あらゆるものに存在価値があると言っている人である。それぞれがみんな、そのものだけしか持っていない素敵な素質や個性を持っていると言う人なのである。この詩は、「芝草」の素晴らしい価値について述べている。

普通、「芝草」は、美しい色でも人の目を惹《ひ》く珍しい形の花でもない、ただの草であると思われている。名前さえ呼ばれずに、「つまらない」と言われている「芝草」を、みすゞさんは「青い、丈夫な、やわらかな、たのしいねどこよ、芝草よ」と人に安らぎを与えてくれる役目を担っていると言っている。芝草にも存在価値を与えているのである。

そして、植物に例をとってはいるが、実は、人間のことも言っているのである。誰にも立派な存在価値があるのだと。

形から言うと、七・五調の詩である。リズムがあるので覚えやすい。草の名前は、方言だけれど、なんとも言えない優しさ、美しさを持っている。「かんざし草」は、とても美しい花が咲く。「京びな」については、調べてもわからなかったのだけれども名前からして優雅な花だろうと想像できる。

3 児童について

この年齢になると、いろいろな悩みごとを持つようになる。自分の存在価値は何だろうと考え込む子どもも出てくる。友人関係に悩みを持つ子どももいる。疎外されているのではないだろうか、と密かな危惧を抱いている子どももいる。容姿を気にする子どもの心配を聞いたこともある。

私は、この年齢の子どもたちこそみすゞさんに出会わせてやりたいと思っている。「一人ひとりがかけがえのない人間なのですよ」と気づいてもらいたいのである。そこで、自我に目覚めたこの時期、この詩を学ばせたい。

詩の読み方として、美しい花とつまらない草を心のテレビに映して対比するという方法を教える、詩の持っているリズムに気づかせる、芝草に托したみすゞさんの心に触れさせる。詩というものが、読者に勇気や慰めを与えてくれる、というようなことを学ばせたい。

4 目標

名前も呼ばれず、きれいな花も咲かせない、ただの芝草にもちゃんと大事な存在価値があると詠った金子みすゞの心を読み取ることができる。

5 展開

学習活動	予想される教師の発問と児童の発言	備考
・『芝草』の詩を読む。	Ⓣ金子みすゞという人が作った『芝草』という詩を勉強します。はじめに私が読みます。(読む) Ⓣこの詩は好きですか。嫌いですか。 Ⓒ好き。 Ⓒ嫌い。 Ⓒ好きでも嫌いでもない。	
・感想や疑問などを発表する。	Ⓣ自分で読んでみて、感想や質問などを発表してください。その際、次のような観点で読むこともできます。	

〈詩を読むヒント〉

・好きか嫌いか。
・わからないこと。
・感動したところ。
・心のテレビに映る景色。
・言葉。
・人間だったら、どうだろう。
・金子みすゞさんの心。
・リズム。

Ⓒ「りきむ」がわからない。
Ⓒがんばること。
Ⓒ歯を食いしばってがんばること。
Ⓒ「げんげ」がわからない。
Ⓒれんげそうのこと。
Ⓒすみれは、花はやさしいけれど、「葉までやさし

・れんげそう
の写真。

い」というのがわからない。

Ⓒ葉までって言ってるのだから、花はもちろんだけど、葉もやさし言っていっている。

Ⓒ葉のどこがやさしいの。

Ⓒ葉の形はハート型だから、ハートは心臓だし、愛を表しているから、やさしい。

Ⓒ「かんざし草」がわからない。

Ⓣ(写真を提示)

Ⓒ「京びな」がわかりません。

Ⓣ調べたけれどわかりません。けれども語感から言うと、どんな花をイメージしますか。

Ⓒ優しい花っていう感じがします。

Ⓒリズムがある詩です。

Ⓣ調べてみましょう。

Ⓒ(調べる)みんな七・五になっている。

Ⓣ読んでみましょう。

・かんざし草の写真。

Ⓒ（読む）

Ⓒげんげや、かんざし草やすみれなんかが、たくさん咲いている景色が目に浮かんで、きれいだなって感じる。

Ⓒ「芝草」は、はじめは迷惑な草だし、つまらない草だって思ったんだけれど、おしまいの方は、人間に役に立つ草だって言っている。

Ⓒ「芝草」は、名前も呼ばれないつまらない草だっていっている。

Ⓒ「芝草」は、れんげみたいにきれいではなくて、地味な草だと思う。

Ⓒ目立たないけど役に立っている気がする。

Ⓒ「芝草」っていうと、広い野原や青空が思い浮かぶ。

Ⓒ疲れた人がゆっくり座って、疲れを治している気がする。

Ⓒれんげや京びなやかんざし草は、きれい過ぎて

・芝草を提示。
さわったり
ひきぬいた
りさせる。

・金子みすゞさんの気持ちについて想像する。

座ることができないけど、「芝草」は、ゆっくりできる。

Ⓒ私たちに癒しをあたえてくれる。

Ⓣ金子みすゞさんについても考えたことを話してください。

Ⓒ金子みすゞさんは、見たところが良くない「芝草」でも、役に立つ草だって言っている。

Ⓒみすゞさんは、華やかなものだけでなく、地味なものも大切なんだっていっている。

Ⓒ前に習った、『私と小鳥と鈴と』っていう詩でも、「みんなちがってみんないい」って言っているように、みんな大切って言っている。

Ⓒ陰に隠れているようなものにも、いいところがあるって言っている。

Ⓒ美しく輝いているものも大切だけど、蔭で慎ましくしているものも輝いているって言っている

・感想を書く。	みたい。 Ⓒ地味ながら、がんばっているものも格好いいんだよって言っている。 Ⓒみんなに生きる勇気をくれている気がする。 Ⓣ感想を書いてください。 Ⓒ（感想を書く）	

6 指導の実際

Ⓣこれから、金子みすゞさんの詩を勉強していきますが、詩を読む時は、自分の気持ちを素直に語っていいのです。何を言ってもいいのです。私が読みます。（読む）

Ⓣこの詩が好きな人……○人。嫌いな人……○人。好きでも嫌いでもない人……全員。

Ⓣ自分で読んでください。感じたこと、疑問に思ったことなどを書き込んでもいいです。参考までに、こんな点にも注意して読むといいのではないかという例を示します。

・好きか嫌いか。
・なぜ好きか、なぜ嫌いか。
・質問
・詩の心　感動（自分の心にひびいたこと）
　真実・愛・優しさ・元気づけてくれる。
・情景（心のテレビに映る景色）
・言葉（美しい言葉・オノマトペ・方言）
・リズム
・金子みすゞさんの心
・比較

Ⓒ（それぞれ読む）

Ⓒ「名は芝草というけれど」ということがわからない。

Ⓒ「この草の名前は、芝草というのだよ」って言ってることだと思う。

Ⓒ最初は、「芝草」のよくないことが書いてあるけど、最後は、いいことが書いてある。

Ⓒ「芝草」は、名前も知られていない。

Ⓒはじめは、「芝草」のことを悪く言ってるけど、次に、強いって褒めている。

Ⓣ強いって褒めている？

Ⓒ強いっていうのは、いじめとかあっても負けないからいいこと。

Ⓒ強いということは、病気なんかに負けないから、長生きするので、いいこと。

Ⓒ「力いっぱい力んでも」って書いてあるから、よっぽど強い力があること。

Ⓒここでは、人間から見ると困ることだと思う。この草は雑草だから、雑草を抜くのに強い力で抜かなければならないのは、困ることだと思う。

Ⓒ雑草抜きは大変。根っこまで抜けないと、上だけ切ってもまた生えてくるから困る。

Ⓣ二連は、誰の立場で言っているのでしょう。

Ⓒ人間。

Ⓣとすると、

Ⓒ人間から見ている。雑草は、強くては、困る。

Ⓣそういう立場から、見るとどうなるか、「芝草」を見てみましょう。（芝草を提示）

Ⓣこれを抜いてチューリップを植えようとする時、どんな感じですか。

Ⓒ（触ったり、ひっぱったりする）

Ⓒ抜けない。強い。引っ張ったら切れちゃった。等。

Ⓣどうですか。

Ⓒ人間にとっては困ること。

Ⓣ二連をまとめると、芝草は、人間から見ると困ったことと言っているのですね。

Ⓣその他のことについて発表してください。

Ⓒ「げんげ」がわからない。

Ⓣ方言で、れんげそうのこと。

Ⓒ「すみれは葉までやさしいよ」というのがわからない。

Ⓣ(葉の形を描く)

Ⓒハートの形。

Ⓒハートは心臓のこと。

Ⓒハートマークに似ていて、ラブを感じさせる。

Ⓒ「京びな」がわからない。

Ⓒ京って言うから、京都っていう感じがする。京都にある小さい雛って感じ。

Ⓒ京都の鳥の雛っていう気がするから、かわいい感じ。

Ⓣ雛っていうのは、お雛様のことだと思います。京都のお雛様のこと。でも、鳥の雛もイメージとして捨てがたいです。この言葉から、どういう印象を受けますか。

Ⓒかわいい感じ。

Ⓒこの植物の印象は、美しく可愛らしいっていう感じ。

Ⓒ「かんざし草」がわからない。

Ⓒかんざしにするようなきれいな花。

Ⓒかんざしにして遊ぶ。

Ⓒ一つの花の中に、いろいろな色がある気がする。かんざしを見たことがあるけど、いろいろな色があった。

Ⓣ（写真提示）頭につけて遊んだということですね。

Ⓒきれい。

Ⓣこの三連を読んで、感じたことを言ってください。

Ⓒ（読む）れんげも、すみれの葉もかんざし草も京びなも、きれいな花だから、見た人を楽しませてくれる感じがするし、遊びにも使えるから役に立つ。

Ⓒかんざし草は、子どもが頭に飾るようにきれいな花。

Ⓒきれいな花だから、子どもたちは喜んで遊んでいる。

Ⓒきれいな花じゃないと、頭につけて子どもが遊べない。三連では、みんな人間の役に立つ花や葉っぱ。

Ⓒれんげやかんざし草は、目立っている。

Ⓒ三連の花はみんな、きれいだけど、芝草は地味。

Ⓒ一連で、つまらない草って言っている。

Ⓒ道の上まではみ出して、じゃまな草って言っているけど、役に立つって言っている。

Ⓒ目立たない芝草も、役に立つ。

Ⓒ芝草もれんげの花とはちがった面で役に立つ草。

Ⓒれんげもかんざし草も目立って気持ちいい花だけど、その上に座って休めない。

Ⓒきれいな花の上に座れない。人間がどんなに疲れても、座れない。休むと花が傷んでしまう。でも、芝草は休ませてくれる。

Ⓒかんざし草なんかは、休む時座ったら花が傷む。強い芝草は、私たちが休む時役に立つ。

Ⓒつかれたとき、芝草は役に立つ。

Ⓒ青くて、丈夫でやわらかな芝草なら、私たちを休ませてくれる。

Ⓒ『私と小鳥と鈴と』の詩で、みすゞさんはどれもみんな大切って言ってる感じがするけど、この詩も同じ気がする。

Ⓒ一連を読んだ時、芝草は、いやな草だと思ったけど、ほんとは、かげで活躍しているん

だなと思いました。ぼくもそんな、かげで活躍する人になりたいと思いました。

Ⓒ芝草は普通な草です。普通だから、みんなは芝草の上に寝て気持ちがいい。芝草が友だちだったら、すごく慣れやすくて、いい友だちになれると思います。

Ⓒこの詩の中では、芝草はじゃまで嫌われる存在。人間にたとえると、嫌われていたり、頼りない存在。でもそんな人でも、芝草でも、いいところはたくさんあると思います。芝草は、自分のいいところを見つけてもらってうれしかったと思います。私も、人のいいところを見つけてあげられるような人になりたいです。

Ⓒ自分はいいところがないと思っている時に、この詩を読めば、必ず自分のいいところに気がつくから、そういう人に読んでもらいたいです。また、目立って役に立っていると思われている人だけがいいとは限らないということがわかりました。

Ⓒ「嫌いな草でも、いいところがある」のと同じように、一人の人に嫌われていても、「自分にもいいところがあるし、人のお世話をしていることもある」と、元気を持って欲しいです。

Ⓣ**これで終わります。**

※教師の発問や子どもの発言についても、いいまわしや、繰り返しての発問などについては、意訳したり、省略しているところもあります。

［板書］

芝草

〈一連〉

芝草は、名前も呼ばれない。

　地味　目立たない。

〈二連〉

芝草は、つまらない草。

○強くて元気がいいから、いい草。

○長生きできるたのもしい草？

どっち?

◎強いから、抜けなくて、人間は、めいわく。

〈三連〉

げんげ＝れんげのこと。

すみれ＝花もきれいだけど、葉もやさしい。

かんざし草＝子どもが遊びに使う。きれい。

京びな＝優しい感じの花。
〈四連〉
人間がつかれた時、休ませてくれる。
きれいな花の上には、すわれない。
目立たないけど、優しさがある。
〈五連〉
芝草は、じょうぶ。やわらか。たのしいねどこ。
◎芝草だけではなく、人間にもたとえられる。誰にもいい所がある。みんな大事。
（金子みすゞさんの心）

7 指導の反省

1
読後直ぐに感想を話し合わせるのは、子どもの実態から無理かなと思い、隣の席の子どもとペアで話し合わせた後、全体で話し合わせようという計画を立てていたが、疑問点を話し合うという段階で、ペアの話し合いをしなくても大丈夫であるとの感触を得たので、そこは省略した。それでよかった。

2　二連を誤解して読んでいた子どもがたくさんいた。つまり、「芝草は、力強くていい草だ」と人間が思っていると誤解していたのである。そこで、立ち止まってじっくり意見を聞いた。子ども同士話し合って解決させた。ここから、話し合いが活発化してきたように思う。このように、間違った意見を大事にすることは、子どもを大切にすることに繋がるいい事例である。この二連は一文になっているので、述語は最後にくるという文法上からも読みとらせればよかった。

3　感想文で、「芝草は嫌われる存在だけど、人間にたとえると、嫌われたり頼りない存在。でも、そんな人でもいいところがあると自分を励ましていくことが大切だし、自分もそんな人を励ましてあげたい」と、三名の子どもが書いてくれた。詩を自分たちにたとえて読んでくれたことが嬉しい。

4　ここでも、実際の芝を持ってきて触らせた。根っこがしっかりしていて、丈夫で、やわらかな草ということを実感させたかったのである。何年生でも、できるだけ五感に訴えたいというのが私の考えである。思った通り、子どもたちはとても楽しそうに芝草に触れ、その感触からいろいろなことを読みとったようである。

この詩は、高学年の子どもたちの心に、訴えるものがあるようである。この年齢の子どもには、小さい時とちがった悩みが出てくる。自身のこと、友だち関係……自分自身のことで言えば、自分に対する自信のなさ、その自分に対する友だちの評価はどんなだろう、という心配。

『芝草』の詩は、子どもたちに自信を与えてくれたようである。子どもたちの感想が、それを如実に表している。

「自分はいいところがないと思っている時に、この詩を読めば、必ず自分のいいところに気がつくから、そういう人に読んでもらいたいです。また、目立って役に立っていると思われている人だけがいいとは限らないということがわかりました」

「『嫌いな草でも、いいところがある』と同じように、一人の人に嫌われていても、『自分にもいいところがあるし、人のお世話をしていることもある』と、元気を持って欲しいです」

「芝草は普通な草です。普通だから、みんなは芝草の上に寝て、気持ちがいい。芝草が友だちだったら、すごく慣れやすくて、いい友だちになれると思います」

悩みは、決して悪いことではない、みんな同じ悩みを抱えて生きているのである。この詩は、それをどう解決するかのヒントになると思う。

始めは、詩を好きでも嫌いでもないと言っていた子どもたちの大半は、この詩を読んで「よかった」という肯定的な感想を持つようになった。みすゞさんが好きになったという子どもも多い。

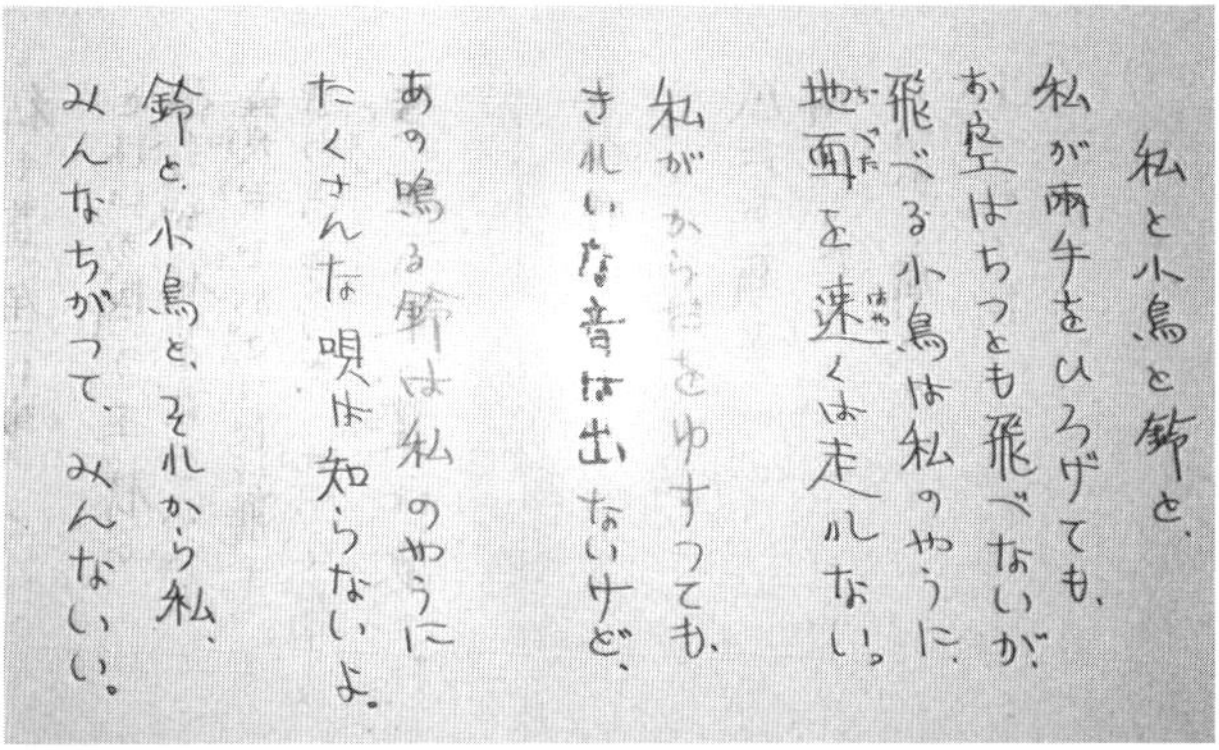
私と小鳥と鈴と、

私が両手をひろげても、
お空はちつとも飛べないが、
飛べる小鳥は私のやうに、
地面を速《はや》くは走れない。

私がからだをゆすつても、
きれいな音は出ないけど、
あの鳴る鈴は私のやうに
たくさんな唄は知らないよ。

鈴と、小鳥と、それから私、
みんなちがつて、みんないい。

『私と小鳥と鈴と』自筆原稿。

第7章 どんな人も、どんな生き物も、どんな物も、すべてかけがえのないものであるという みすゞさんの心を感じとる

——国語科学習指導案　対象3年生——

1 教材名『私と小鳥と鈴《すず》と』

私と小鳥と鈴《すず》と

私が両手をひろげても、
お空はちっとも飛べないが、
飛べる小鳥は私のように、
地面《じべた》を速《はや》くは走れない。

私がからだをゆすっても、

きれいな音は出ないけど、
あの鳴る鈴は私のように
たくさんな唄《うた》は知らないよ。

鈴と、小鳥と、それから私、
みんなちがって、みんないい。

『金子みすゞ全集・Ⅲ』JURA出版局
*旧字旧仮名を新字新仮名になおしました。

2 教材について

金子みすゞさんの代表的な詩の一編である。とてもやさしい言葉で表現されていて、低学年の子どもたちも容易に内容を把握し、情景も思い浮かべることができるのではないかと思う。しかし、わかったというのは、字面のことだけではないだろうか。「私と小鳥と鈴はみんなちがったもの、ちがっていてそれぞれいいと言っている」という程度ではないだろうか。

この詩には、それにとどまらない広さと深さがあるのである。人間と、「小鳥」を代表とする人間以外の生き物と、鉱物である「鈴」を区別しないで「みんないい」と言っているのだ。地球上のすべての生き物、生き物以外の物を同列に置いている。そして、それは「みんな大切」と言っているのである。

一連は、大空を自由に飛んでいる小鳥、その下で両手を広げて走っている子どもの姿が想像でき、思わず微笑んでしまいそうである。私と小鳥のちがいをそれぞれの動きで比較し、どちらがいいとかよくないとか言っていない。

二連は、「私」と「鈴」とを「美しい音色」と「知っている歌の数」とで表している。しかし、それは、基準がちがうからどちらが良いとか良くないとかで比較できないものである。ここでは、鈴を耳のそばで鳴らし、音を楽しんでいる子どもの姿が見えてくる。また、大きな口を開けて、友だちと一緒に楽しそうに知っている歌を次から次へと歌っている光景も想像でき、誰でも楽しくなってしまうだろう。

そして、三連では、鈴と小鳥と私は、「みんなちがっているけれどもみんないい」と言っている。みんなそれぞれにいいものを持っていて、それがいいのだと言っているのだ。

私は、この詩はいい詩だなと思う。自分を肯定し、他の生き物も鉱物すらも「私」と同列に「いい」と言っているからである。こういうところが、広くて深くて好きである。みすゞさんのこの心は、これ以外のたくさんの詩の中に表現されている。たとえば、『大漁』『お魚』など。

題は、『私と小鳥と鈴と』である。普通は、最後の鈴に「と」はつけない。「と」をつけることによって、他にも何かあるのではないか、という広がりを感じさせる。みすゞさんはそのつもりで作ったのだろう。また、題では、「私」が一番最初で、鈴が一番後であるが、三連では、「鈴」が一番先で、「私」は一番後である。つまり、題と順番が逆なのである。それは、おそらくみすゞさんの心の中では、地球の物はみんなちがっているけれどもみんな大切、順位などはつけられないというメッセージではないかと思うのだが。

注目したいのは、「ない」という言葉である。これだけ短い詩の中に、「ない」は、四か所も出てくる。この言葉は、重要ではないだろうか。みすゞさんは、「できないとか知らないということが、あなたの価値を貶めることにはならないのですよ」ということを言いたかったのではないだろうか。

次は、リズムのことである。

一行の語数は、一連は、一行目8・5　二行目8・5　三行目7・7　四行目8・5
　　　　　　　二連は、一行目8・5　二行目7・5　三行目7・7　四行目8・5
　　　　　　　三連は、　　　　　　　　　　　　一行目7・7　二行目8・5

8・5あるいは7・7である。だから、読むとリズムが感じられて、子どもたちは気持ちよく読むことができ、暗記するのも速い。

3　児童について

私には、子どもたちの中に、自分のテリトリーにいる見慣れた人とちがった人に対して、（たとえば、言葉の訛りや肌の色など）排斥するような態度が見えることがある。それは、日本人の感覚に根ざしている面があるのだが、克服していきたいものだと考えている。

また、日本の子どもたちは、世界の国々の子どもたちと比較して、自己肯定感が少ないと聞いたことがある。確かに、一部を除いて「私は、かわいい」とか、「私は、役に立つ」とか、「私は、性格がいい」と言う子どもは、少ないように思われる。言葉だけでなく、内心もそう思っていることが、アンケートなどにも現れているそうである。

テストの点が六〇点であった時、「たったの六〇点」というような言い方をする子どもの姿をよく見る。また、容貌のことも目が小さすぎるとか、鼻が低いとか、欠点の方を見つけて劣等感を持つ子どもが多い。

自分のことを肯定しないこともあるが、一方では、友だちに対しての嫉妬や、転校生などが持っている自分たちと異なった雰囲気などに対する意地悪なども皆無とは言えない。

4 指導について

ここで一番学ばせたいことは、「人も物も動物もみんなちがっているけれども、みんないいのである」ということである。

その目標を達成するために、まず自分というものを考えさせる。良いところも良くないと思っているところも出させてみようと思う。また、友だちの特徴なども発表させてみる。そのあと、詩を読ませる。何度も読んで、心に残ったことや疑問や好き嫌いなどを語らせる。好きと答えた子どもは、「みんなちがってみんないい」ということなどをあげるだろう。また、きれいな小鳥が飛んでいるところなどを想像するかもしれない。それぞれが自分の意見を言う中で、大切なことは何だろうと考え合う。おそらく三連の、「みんなちがってみんないい」という意見が大勢を占めると思う。しかし、別の考えの子どももいると思う。それはそれで、その子の感性なので、大切にしていく。

そして、はじめの自分の特徴や友だちの特徴に戻って、「私は私でいい」「あなたはあなたでいい」と自己肯定、他の人肯定の気持ちを持たせたい。

自分を肯定することは、他の人もみんな自分を大切に思っているという気づきにもつながり、「あなたはあなたでいいの」ということになるのではないだろうか。

三年生なので、みすゞさんの「人も他の生物も地球から生まれた鉱物も、みんな同列でどれもいい」という深さまでわかるかどうか。そこまで考えつかなかったら、「人間はみんな一人ひとりちがっている、その一人ひとりが大切」ということのみで終わってもかまわないと考えている。

5 目標（2時間）

自分を含めて、誰でもみんなかけがえのない大切な人なのだということ知る。人だけでなく、あらゆる生物、存在するいろいろな物を大切に思う、みすゞさんの心を想像する。

6 展開

学習活動	予想される教師の発問と児童の反応	備考
・自分や友だちの特徴を発表する。	Ⓣ自分や友だちの得意なこと、不得意なことを話してください。 Ⓒピアノがうまい。 Ⓒ優しい。	

・詩を読んで、感想や気がついたことを発表する。

Ⓒきれい好き。
Ⓒ体育が得意。
Ⓒ怒りっぽい。
Ⓒ忘れ物が多い。
Ⓒ泣き虫。
Ⓣ詩を読んでみましょう。
Ⓒ読む。
Ⓣこの詩は好きですか。嫌いですか。
Ⓒ好き。
Ⓒ嫌い。
Ⓒ好きでも嫌いでもない。
Ⓣ詩を読む時は、こんなことに気をつけて読むといいですよ。
Ⓣ発表してください。
Ⓒ言葉についてだけど、「ない」という言葉が四個もある。

・模造紙1を提示

Ⓒ題だけど、子どもや小鳥や鈴の後に「と」がついている。「と」は、もっと後になにかがあるって言う意味だから、「鈴と」のあとに、まだ続く物があるような気がする。 ・板書7

Ⓒ題の言葉には、三つの言葉が出ている。 ・板書7

Ⓒその三つの言葉は終わりにも出ているけれども、順序が逆。 ・板書6

Ⓒ「みんなちがってみんないい」が好き。

Ⓒそこが一番大切だと思う。

Ⓒ子どもが手を広げて走っているかわいい格好が想像できる。 ・板書2

Ⓒ子どもは二年生以下の子ども。

Ⓒ「私」も「小鳥」も「鈴」もみんなきれいな音が出せる。だから、ちがった音でもみんないいと言っている。

Ⓒ「鈴」のいい音が聞こえてくる。

・「みんなちがってみんないい」という言葉の意味を考えて話し合う。

Ⓒ子どもが歌を気持ちよさそうに歌っている。	・板書4
Ⓒ子どもが「鈴」の音を聞いている。	・板書3
Ⓒ「地面」をじべたっていうのがおもしろい。	
Ⓒ『私と小鳥と鈴と』っていう題だから、次にまだ何かあるような気がする。	
Ⓒリズムがある詩。八・五字が多い。	
Ⓣ「みんなちがってみんないい」ということについて考えたことを言ってください。	・板書6
Ⓒたくさんな歌を知っているけれど、知らない「鈴」も「小鳥」もいいと言っている。	
Ⓒ空を飛べない私もいいと言っている。	
Ⓒ意見がちがっても、それがいいって言っている気がする。	
Ⓒみすゞさんは、きれいな人もそうでない人もみんないいって言っている。	
Ⓒおっちょこちょいの私だけど、それもいいと言	

っているような気がする。

Ⓒ私もいいところもあるし、悪いところもあるけれども、それはそれでいいんだと言っている。

Ⓒ誰にもいいところもあるし、人とちがったところもあるけれども、みんないいんだと言っています。

Ⓒ誰もかけがえがない大切な人。

Ⓒ人だけでなく、人間以外の物も大切。

Ⓒ誰にもいいところもあるし、人とちがったところもあるけれども、みんないいんだと言ってると思います。

Ⓒ人だけでなく、人間以外の物も大切。

Ⓣ金子みすゞさんについてわかったことや考えたことを話してください。

Ⓒ私は私でいいんだと教えてくれた人。

Ⓒ自分も友だちもみんなちがっているけど、大切

・金子みすゞについて話し合う。

・感想を書く。	
	なんだと教えてくれた人。 Ⓒ人だけでなく、人以外の物も大切に思っている人。 Ⓒたとえば、生まれつき目が見えない人がいたとしても、あなたは大切な人だと言ってくれる人。 Ⓒ言葉がない人にも、大切なんだと励ましてくれる人。 Ⓣ感想を書いてください。 Ⓒ（感想を書く）

模造紙1

〈詩を読むときに〉
○しつもん
・わからない言葉
・その他
○気になる言葉
・何回も出てくる言葉
・大切な言葉
○リズム
○好きなわけ
○きらいなわけ
○心のテレビに見えてくるもの
・人　・もの　・けしき
○大切なところ
○心に強く感じたところ
○金子みすゞさんのこと

板書1

とべる小鳥

とべない私

板書2

はやく走れる私

はやく走れない小鳥

板書3

きれいな音が出る鈴
きれいな音が出ない私

板書4

たくさんな歌を知っている私
たくさんな歌は知らない小鳥

板書5

飛べない
走れない
出ない
知らない

板書6

すずと、小鳥と、それから私、
みんなちがって、みんないい

板書7

私と小鳥とすずと

7 指導の実際

Ⓣ1 この絵を見てください。先生は、とてもいろいろなことも知っていらっしゃるし、子どもたちを大勢教えてきて経験も豊富です。皆さんのことも、この子を賢くしていくには、どうしたらいいかいつも考えていらっしゃいます。

一方これは皆さんです。みんな特徴がありますね。サッカーが上手な人、読書をするのが好きな人、なかには、先生も負けてしまうほどじょうずな字を書く人もいます。みんな優れたところを持っています。

授業の時、もしかしたら、先生も気がつかないような素晴らしいことを考えている人もいるかもしれません。それを出し合うことによって、全員が賢くなっていくのです。みんなのために、自分の考えを出してあげてください。

Ⓣ自分は、どういう特徴を持っているか話してください。また、友だちのいいところについても話してください。

Ⓒぼくは、なにかを取り合いするとき、ゆずれない。
Ⓒ跳び箱が跳べない。
Ⓒ木登りができない。
Ⓒ鉄棒だけど、空中逆上がりができない。
Ⓒいらいらしやすい。
Ⓒ給食を食べるのが遅い。
Ⓒ陰口を言ってしまう。
Ⓒ縄跳びで後ろ跳びができない。
Ⓒすぐふくれる。
Ⓒ怒りっぽい。
Ⓒバタフライができる。
Ⓒ逆上がりができる。
Ⓒサッカーがうまい。……2
Ⓒ工作がうまい。……3

Ⓒ木登りが得意。
Ⓒ英会話がうまくできる。
Ⓣ金子みすゞさんの詩を読んでみましょう。
Ⓣ（読む）
Ⓣこの詩が好きだなって思う人……17
嫌いな人……2
どちらでもない人……8
Ⓣ詩を読むときのヒントを出します。これから、いろいろな詩を読むときにも使えます。ので、参考にしてください。（模造紙1を提示）
Ⓒ（読む。読みながら、気がついたことをチェックしていく）
Ⓣチェックしたことをみんなの前で、発表してもらいますが、その前に、隣の友だちと二人で話し合ってみましょう。やり方の見本をⓉ1先生とⓉ2先生でやってみます。
Ⓣ1 A子さん、あなたはこの詩の中で、どんな所が気になりましたか。
Ⓣ2 私は、この詩はいい詩だと思う。どこがいいかというと、小鳥が速く走れなくても、一生懸命走ろうとしているところや、鈴が一生懸命いい音を出そうと頑張っているところがいいなと思いました。S子さんはどこですか。

Ⓣ[1]私は、言葉です。「ない」という言葉がたくさん出てきていることに気がつきました。

（板書5を提示）

Ⓣ今度は、皆さんが二人で話し合ってください。

Ⓒ（ペアで話し合う）

Ⓣ発表してください。詩は、どんなことを言っても間違いではないのです。

Ⓒ何で「鈴」はチリンチリンしか言わないの。

Ⓒ「私」と「小鳥」と「鈴」が出てくる。

Ⓒこの詩は、「私」も「小鳥」も「鈴」もみんな音が出るところが共通していると思う。

Ⓒ私は、小鳥のように飛べないけど、速く走れる。小鳥は空を飛べるけど、速くは走れないと言っているところでは、小鳥が空を飛んでいる様子や、私が走っている様子が眼に浮かんできた。（板書1・2を提示）

Ⓒ「私」も「小鳥」も「鈴」も頑張っている様子が眼に浮かんできた。

Ⓒ「みんなちがってみんないい」というところが一番大切だと思う。（板書6提示）

Ⓒ鈴は、きれいな音を出している。（鈴を提示。子どもたちに聞かせる）

Ⓒ子どもが歌を歌っている様子が目に浮かぶ。

Ⓒ私は鈴のようにいい音は出ないけど、たくさんな歌を知っている。いいところもある

し、できないこともある。

Ⓣたくさんな歌って？

Ⓒ思い出のアルバム

Ⓒ大好き湯本

Ⓒ人間っていいな

Ⓒおもちゃのチャチャチャ

Ⓒぽけもん（板書4提示）

Ⓣ一番大切と言った「みんなちがってみんないい」は、どうして大切なのですか。

Ⓒみんな、特技があるから、いい。

Ⓒ「小鳥」は、空を飛べるけど速くは走れないでもいいんだと言っている。

Ⓒ「鈴」はきれいな音が出るけど、たくさんな歌は知らない、でもいいと言っている。

Ⓒ「小鳥は、手がない。だからものを作ったりできない。でもいいと言っている。

Ⓒ人間でも鉄棒ができない人もいるけど、それもいいんだと言っている。

Ⓒ「小鳥」はたくさんな歌を知らないけれども、それでいいと言っている。

Ⓒ「みんなちがってみんないい」ということは、「鈴」はリンリンしか鳴らない、「小鳥」はチチとしか鳴かない。人間は、たくさんな歌を知っている。でもみんないいんだと言

っている。

Ⓒできないことはあっても、できることに自信を持ってという感じ。

Ⓒ自分のこととなると、木登りができなくても、いいんだと言われている気がする。

Ⓒ鉄棒とかできてもできなくても、みんないい。

Ⓒみんな心も体も全部ちがっているけど、みんないい。

Ⓣ私から質問ですけど、『私と小鳥と鈴と』という題ですが、普通「と」とつけると、次に何かが来ますが、ここでは何も書かれていません。皆さんが、何かをつけるとしたら、何をつけますか。

Ⓒみんなちがってみんないいってつける。

Ⓒ金子みすゞさんってつける。

Ⓒ「私と小鳥と鈴とみんな」ってつける。

Ⓣでは、どれをつけましょうか。

Ⓒ「みんな」

Ⓣでは、それをつけて読んでみましょう。

Ⓒ私と小鳥と鈴とみんな。

Ⓣ金子みすゞさんってどんな人だと思いますか。

Ⓒ大切なことを教えてくれる人。

Ⓒいい人。

Ⓣ一つだけ大切なことを言っておきたいと思います。みんながいいって言っているから、人をいじめてもいいんだと言った人がいるそうですが、それは絶対いけません。どうしてかわかりますか。

Ⓒいじめられた人の気持ちになったら、悲しい。

Ⓒいじめられたことがあるけど、とてもいやだった。だから、いけない。

Ⓣ「みんなちがって、みんないい」というところに、心を込めて読んでみましょう。

Ⓒ（読む）

Ⓣ感想を書いてください。

Ⓒ（書く）

Ⓣ1 清水　Ⓣ2 H教諭

8　子どもの感想

○わたしは、「すずとことりとそれからわたし
みんなちがってみんないい」のところがすきです。

○私と小鳥と鈴はできることがたくさんあって、びっくりしました。みんなちがうことをやるということがだいじだと思いました。

○わたしはゆすってもきれいな音は出ないけど、あのなるすずはわたしのように、たくさんな歌はしらないよ。のところがすき。

○みんなちがってみんないいっていうのは、いいことです。みんなまったく同じだと、誰が誰だかわからなくなっちゃうから、みんなちがっていいと思いました。

○私と小鳥と鈴は、みんなどりょくしてがんばっているけど、空をとべたり歌を知ったり、じめんをはやくは走れなくてがんばっているすがたが心にうかびました。

○何をいってもいいといってくれたので、じぶんの思ったことをいえてよかったです。みんなできることとできないことがあると思いました。

○人も小鳥も鈴もみんながんばっているなと思いました。

○私と小鳥とすずは、できることがたくさんあってすごいと思いました。

○わたしは、できないくうちゅうさかあがりをがんばりたいです。そのわたしでもいいんだなーと思いました。でも、できることもあります。できるのは、れんぞくとびです。

○ことりははやくはしれなかったけど、空をとべてちょっぴりよかった。

○「みんなちがって、みんないい」ところが心にのこった。どうぶつでもなんでも一人ひとりがみんなちがってみんないい。私と小鳥と鈴とのあとに、「みんな」をつければいいと、じゅんやさんがいった言葉がいいなと思いました。
○さいごの「みんなちがってみんないい」というところが心にのこった。みんなそれぞれちがうから、鳥はとべるし、人間は走れるからみんないい。
○みんないいところがある。さかあがりができなくても、ぼくはいるだけで素晴らしいということがわかって、自信がもてました。
○さいごに「私と小鳥とすずとみんな」といったのは、私だけじゃなくて、鳥だけじゃなくて、すずだけじゃなくて「みんな」だから、みんなってはっぴょうできてよかった。
○金子みすゞさんは、みんなのとくぎをいって、やさしいと思った。私と小鳥と鈴のところをもんだいにした。
○おもしろい詩だと思った。
○女の子や小鳥やすずが出てきて、いろいろなことがわかりました。女の子や小鳥やすずなどのことをいっぱい知ってよかったです。
○みんな、できることとできないことがあって、すごいなって思いました。いつも給食がおそくてはずかしいと思っていましたが、ぼくは、そんなことだけで、自信をなくさなくてもいいと思えました。

○金子みすゞさんが、「みんなちがって、みんないい」といってくれたので、人は、みんなちがうんだなって思いました。
○「私と小鳥と鈴と」のあとに「みんな」をたしたのがいいと思いました。
○ぼくは、みんなちがってみんないいが、心にのこりました。
○すずのきれいな音が心にのこりました。
○私は、この詩は、やさしくておもしろくて楽しい詩だなと思いました。
○みんなちがってみんないいという言葉がいいと思いました。
○みんなのいいところやみんなのちがうところがあることがわかり、そこが心にのこりました。
○ぼくは、すずのきれいな音が、やさしい音に聞こえました。
○私が鳥のたちばで、もしとべたら、とべない人に「がんばって」といってあげて、人のたちばだったら、小鳥のたちばの走れない人に「がんばって」と何回もいってあげたいです。
○みんないいけんをいったので、すごいと思いました。とくにじゅんやさんが、とってもいいけんをいったのがすごいと思いました。

※わかりにくいところを一部意訳したところがあります。（清水）

9 指導の反省

1 金子みすゞさんの詩の勉強は、初めてだということである。だから、子どもたちの中で、できる自分もできない自分もみんないいんだ、という考えに触れたことも始めてだと思う。世界が広がったよい経験ではないだろうか。

2 自分の気持ちや心を話すということは、なかなか勇気がいることである。そこで、「詩の勉強の時は、何を言っても正解」ということをわからせるとともに、話し合いの始めは、ペアでさせてみた。その後、そこで述べた意見を全体の場で、発表させた。少人数で話させたあと発表するというのは効果があったと思う。

3 子どもたちの感想の中に、自分に自信が持てたというのがあったのでよかった。しかし、「いじめ」のことについては、教師が付け足したような形になってしまった。この授業の中で、子どもたち自身から、友だちのことを考える時「みんなちがって、みんないい」ということが大切だということを考えてほしかったのであるが、そこまでいかなかったのは、残念であった。授業の組み立てが悪かったのかもしれないし、子どもたちの心が、自分のことで精いっぱいであったかもしれないし、両方だったかもしれない。今後の課題である。

4 リズムに気がついた子どもがいて、数えていたのは、みすゞさんの詩にリズムを感じていたのだと思うが、それは、特に取り上げなかった。取り上げればよかった。

5 情景描写については、小鳥や鈴の動作を思い浮かべている子どもが多く、また、自分が動作している様子なども楽しそうに語っていた。鈴の音を聞かせたところ、その音を思い浮かべる子どもの姿も見られた。

6 授業の始めに、「教師はえらい」ということを教えた。教師に尊敬の心を持たせるためである。また、同時に、「友だちもえらい」ということも説明した。みんなちがっていて、しかもそれぞれ優れたものを持っていることに気づかせ、友だちの意見を聞くことがいかに自分を豊かにしてくれるかということを教えたかったのである。これは、本時の学習にも繋がっていけばいいと考えたことである。これからの人間関係に影響してくれればいいと思う。

7 授業というのは、学級経営そのものだとつくづく思う。どんなに心育ての素敵な詩を学習しても、学習の仕方が、子どもの発言を大事にしなかったり、助け合うような授業をしていなければ、本当の心は育たない。「この勉強をして心が育った」そして、「このクラスでも認められている」と感じた時、心は育っていく。そういう環境を作ってやるのが教師の仕事である。このクラスでは、発言の中にもたくさん出てきたのだが、子ども同士認め合い、助け合っていた姿が見られた。嬉しかった。

私が農山村に疎開していた子どもの時、吃音《きつおん》の子、勉強ができない子、身なりの特に貧しい子はたくさんいた。また、朝鮮人（当時そう言われていた）の子もたくさんいた。でも、土地の子どもたちは、そういう友だちに対して、馬鹿にしたり、差別をしたりしなかった。

今の子どもたちが、そういう子どもたちをいじめの対象にしている姿を何回か見かけたことがある。その都度、注意したりいじめられる子どもの気持ちになるように話した。

しかし、「誰もが、自分と同じような心を持ち、同じようなことを喜び、同じようなことを悲しんでいる」ということを理解させることは、大変なことである。今までそういう心を育ててこなかったのだから。

前記農山村の子どもたちの方が、今の子どもたちより物質的にはずっと貧しかったけれど、心は豊かだったと感じてしまう。昔の子どもたちは、小さいときから「弱いものをいじめてはいけない、そういうことは、人の道に外れることだ」と誰からともなく教えてもらっていたのだろう。

みすゞさんは、地球のすべてのものに対して、差別も区別もなく、「みんなちがって、みんないい」と言い切っている。このみすゞさんの心に触れて、子どもたちが豊かな心の持ち主になってくれるといいなと心から思う。そこで、この教材『私と小鳥と鈴と』を教えることにしたのである。

おわりに

みすゞさんの詩を授業でとりあげ始めてから、一〇年以上は経っています。その間、約二一学級、一学級三〇人平均として、六三〇人ぐらいの子どもたちと一緒に勉強してきたでしょうか。

『大漁』の詩は、多分六つのクラスの子どもたちと一緒に勉強したと思います。一部、荒れているといわれる学級の子どもたちとも勉強しましたが、この詩に出会った時は、本気で学習してくれ、素敵な挿絵を描いてくれました。

『私と小鳥と鈴と』の詩の勉強で印象に残っているのは、普段意見を言わなかった子どもが発表したことです。そればかりではありません。そのあと、普段しゃべらなかったその子に対して、「いい意見を言ってよかったよ」と何人もの友だちが褒めてくれました。友だちの成長を自分のことのように喜べる子どもの姿に感動しました。

『芝草』の詩を初めて読んだ時、「好き」と言った子どもは、一人もいませんでした。しかし、読んでいくうちに、「芝草は、人間にたとえると、嫌われる存在。でも芝草も人間もいいところがたくさんあると思います。芝草は自分のいいところを見つけてもらってうれしかったと思います。私も人のいいところを見つけてあげられる人になりたいです」「自分はいいところがないと思っている時に、この詩を読めば、必ず、自分のいいところに気がつくから、そういう人に読んでもらいたいです。また、目立って役に立っていると思われている人だけがいいとは限らないということがわかりました」などと、この詩を読んでよかったという肯定的な感想が多く出ました。

みすゞさんの詩を勉強した時は、子どもも喜びますが、教師である私も「珠玉のような楽しい時間を持った」という実感を持ちます。

一路みすゞさんのところへ導いてくださった矢崎節夫先生、感謝申し上げます。

一緒に勉強してくれた湯河原小学校や箱根湯本小学校や真鶴小学校の児童のみなさん、ありがとう。

また、湯河原小学校の福井校長先生、牧岡校長先生、草柳教頭先生、箱根湯本小学校の石田校長先生、穂坂教頭先生、中島教頭先生をはじめ、教職員の先生方、いろいろご教示くださいましてありがとうございました。

国語教育研究会「こゆるぎ会」の先生方（会長 府川孝先生）、「国語教育実践理論研究会」の先生方（会長 澤本和子先生）には、詩の指導はもちろんのこと、国語教育全般についていろいろ教えていただきました。

いつもながら、二宮龍也先生には、いろいろお世話になりました。

不思議な御縁で知り合った地湧社の増田圭一郎さん、いろいろ教えていただいたりお世話をお掛けしました。ありがとうございました。

この本は、本当にいろいろな方のお世話になってでき上がりました。心からお礼を申し上げます。

平成二三年二月

◆参考文献

わたしと小鳥とすずと　著者：金子みすゞ／選者：矢崎節夫　JULA出版局

明るいほうへ　著者：金子みすゞ／選者：矢崎節夫　JULA出版局

このみちをゆこうよ　著者：金子みすゞ／選者：矢崎節夫　JULA出版局

あなたはあなたでいいの　著者：矢崎節夫　ポプラ社

みすゞコスモス　著者：矢崎節夫　JULA出版局

みんなを好きに　著者：矢崎節夫　JULA出版局

金子みすゞこころの宇宙　著者：矢崎節夫　ニュートンプレス

ことばの花束　金子みすゞのこころ　著者：矢崎節夫・酒井大岳ほか　佼成出版社

永遠の詩①金子みすゞ　選・鑑賞・解説：矢崎節夫　小学館

金子みすゞいのちのうた1　著者：上山大峻・外松太恵子　JULA出版局

金子みすゞいのちのうた2　著者：石川教張・山本龍雄・尾崎文英　JULA出版局

金子みすゞ詩と真実　詩と詩論研究会編　勉誠出版

金子みすゞの世界　詩と詩論研究会編　勉誠出版

金子みすゞの世界　音楽：西村直記／著者：増田れい子ほか　JULA出版局

金子みすゞ心の風景　写真：栗原弘／著者：金子みすゞ　美術年鑑社

金子みすゞふたたび　著者：今野勉　小学館

【著者略歴】
清水 左知子（しみず　さちこ）

1936年群馬県に生まれる。玉川大学文学部教育学科卒業。日本大学文理学部国文学科卒業。1955年より1963年まで群馬県西部の小学校に勤務する。1963年より2001年まで神奈川県西部の小学校に勤務する。国語教育実践論理の会（KZR）会員。こゆるぎ会（国語教育研究会）会員。

著書に『子どもたちと谷川俊太郎の作品を読む』（東洋館出版社）がある。

共著書は、『国語科教材研究法の開発』『新国語科理解力指導法』（共に明治図書）、『「説明文」の学習を変える』（学芸図書K.K）、『新しい「言語事項」学習指導法の開発』（東京書籍）、『読解力再考　すべての子どもに読む喜びを　PISAの前にあること』（東洋館出版社）、『小田原・足柄の発展につくした人びと』（甲辰会）など多数。

子どもたちと 金子みすゞの 作品を読む

2011年 3月30日　初版発行

著　者　清水左知子
発行者　増田正雄
発行所　株式会社 地《ち》湧《ゆう》社
東京都千代田区神田北乗物町16 （〒101-0036）
電話番号：03-3258-1251　郵便振替：00120-5-36341
編集協力　坂井　泉
装　幀　ギャラップデザイン室
印　刷　壮光舎印刷
製　本　小高製本

ISBN978-4-88503-816-7 C0037